Lorenz | Ruffing · Martin Heidegger

Bibliografische Information der Deutschen Nationalbibliothek

Die Deutsche Nationalbibliothek verzeichnet diese Publikation in der Deutschen
Nationalbibliografie; detaillierte bibliografische Daten sind im
Internet über http://dnb.d-nb.de abrufbar.

© 2013 Wilhelm Fink Verlag, München
(Wilhelm Fink GmbH & Co. Verlags-KG, Jühenplatz 1, D-33098 Paderborn)

Internet: www.fink.de

Einbandgestaltung: Ansgar Lorenz
Printed in Germany
Herstellung: Ferdinand Schöningh GmbH & Co. KG, Paderborn

ISBN 978-3-7705-5507-9

Zeichnung: Ansgar Lorenz | Text: Reiner Ruffing

Martin Heidegger
Philosophie für Einsteiger

Heidegger ist ein umstrittener Denker. Für die einen der *heimliche Philosophenkönig* (Hannah Arendt) ist er für andere (Theodor W. Adorno, Herbert Marcuse) wegen seiner Verstrickungen in den Nationalsozialismus zur persona non grata geworden.

WILHELM FINK

Die Frage nach dem Sein

Der Zauberer von Meßkirch

Martin Heidegger, genannt der Zauberer von Meßkirch, beschäftigte sich mit der Frage nach dem Sein bzw. dem Sinn des Seins. Mit seinem opus magnum *Sein und Zeit* aus dem Jahre 1927 gilt er als einer der bedeutendsten Philosophen des 20. Jahrhunderts. Der in der zwischen Bodensee, schwäbischer Alb und oberer Donau liegenden badischen Kleinstadt Meßkirch als Sohn eines Küfermeisters geborene Meisterdenker protestierte gegen die moderne Ort- und Heimatlosigkeit. Sein viele Bände füllendes Werk ist allerdings nicht leicht zu verstehen. Heidegger scheute sich auf seinem Denkweg nicht, auch *Holzwege* – so eine seiner Aufsatzsammlungen – einzuschlagen, wenn es die philosophische Sache erforderte. *Wer groß denkt, muss groß irren*, hat er einmal gesagt. Auf Seiten des Lesers erfordert die Lektüre Heideggers Geduld und die Bereitschaft, sich auf einen ungewöhnlichen Denker immer wieder erneut einzulassen.

Zurück zu den Alten

Die Frage nach dem Sein ist keine neue Frage. Sie steht am Beginn der Philosophie. Die Vorsokratiker hatten sie gestellt. In der Geschichte des Abendlandes sei jedoch – so Heidegger – diese wichtigste aller philosophischen Fragen mehr oder weniger aus dem Blick geraten. Heidegger spricht von der Seinsvergessenheit des modernen Menschen. Aber bleiben wir zunächst noch etwas bei den Vorsokratikern. Damit sind die griechischen Philosophen vor Sokrates gemeint, beginnend mit Thales von Milet, die nach einer einheitlichen Substanz oder Struktur des Seienden suchten. Thales zum Beispiel machte das Grundprinzip (griech. *arché - Anfang, Ursprung, Prinzip*) der Natur im Wasser aus. Mit ihm setzte eine Denkbewegung ein, die das Sein der Dinge, ihren Wechsel des Entstehens und Vergehens aus der Natur selbst heraus verstehen wollte.

Das Werden ist das Wesen der Dinge

Diese ersten griechischen Philosophen wollten sich nicht von der Oberfläche der Erscheinungen täuschen lassen, sondern zum Bleibenden und dem Wesen der Dinge vorstoßen. Und sei es, dass paradoxerweise das wahre Sein der Dinge gerade ihre Veränderlichkeit ist. Letzteres war der Hauptgedanke des Heraklit von Ephesos. Seine These: Wir leben in einer Welt des ewigen Wandels. *In dieselben Flüsse steigen wir und steigen wir nicht, wir sind und wir sind nicht.* Symbol des ewigen Wandels ist das Feuer, das für Heraklit zum Urstoff wird: *Diese Weltordnung, dieselbige für alle Wesen, schuf weder einer der Götter noch der Menschen, sondern sie war immerdar und ist und wird ein ewiges Feuer, erglimmend nach Maßen und erlöschend nach Maßen.* Heraklits bekanntester Spruch *panta rhei - alles fließt!* gibt den wichtigsten Aspekt seiner Philosophie wieder. Heidegger hat gerade diesem Denker große Aufmerksamkeit gewidmet.

Man kann nicht zweimal in den selben Fluss steigen.

Heraklit von Ephesos (550 v. Chr-475 v. Chr)

Die Ideenlehre ist das Kernstück meiner Philosophie. Wollt Ihr mehr darüber wissen? Dann empfehle ich Euch eine Auseinandersetzung mit meinem „Höhlengleichnis".

Abkehr vom Sein: Die Geburt der Metaphysik

Während die von Heidegger gelobten vorsokratischen Philosophen das Sein aus der Wirklichkeit entwickelten, beginnt mit Platon eine – später vom Christentum übernommene Strategie –, das Sein der Dinge im Jenseits anzusiedeln. Heidegger kritisiert diese Entwicklung als den Beginn der abendländischen Seinsvergessenheit. Für Platon sind bekanntlich Ur-Ideen (gr. *idea = das Urbild, die Form*) das eigentlich Seiende. Sie sind unveränderlich, ewig, unkörperlich und eingestaltig. Selbst nicht sichtbar, liegen diese Ideen dennoch allem Sichtbaren zugrunde. Die Naturdinge sind für Platon nur Abbilder von den Urformen der Ideen. Die Idee ist Platon zufolge das Erste und Ursprüngliche. Heidegger vermutet hinter Platons Ideenlehre das Muster für die Suprematie der neuzeitlichen Wissenschaft und Technik, der modernen Herrschaft des *Gestells*, wie Heidegger die Technik auch nennt.

Platon (428/427 v. Chr. -348/347 v. Chr.)

Heidegger und seine Zeit

Heidegger war ein glanzvoller Hermeneutiker

In seiner Philosophie versuchte Heidegger die wichtigsten Denker so zu bearbeiten und zu interpretieren, dass sie kompatibel für seine eigene Philosophie wurden. Kaum ein anderer Philosoph hat gründlichere Studien zu Heraklit, Platon, Aristoteles, den Scholastikern, Descartes, Kant, Hegel, Nietzsche geschrieben als Heidegger. Dabei ist es ihm stets gelungen, den Kern der jeweiligen Denker bloßzulegen, um in einem nächsten Schritt deren Grenzen offen zu legen. Denn alle hätten sie – so Heidegger – wichtige Aspekte der philosophischen Hauptfrage – Was ist das Sein? – übersehen.

Planck veröffentlichte die Quantentheorie, Einstein seine Relativitätstheorie, ich begründete die Psychoanalyse. Kurz: Die Wissenschaften waren auf dem Vormarsch.

Aufbruch zur Moderne

Heidegger wurde in einer aufregenden Zeit groß. Kurz vor dem Ersten Weltkrieg kam es zu einer Blütezeit in den Wissenschaften und Künsten. Picasso, Duchamp, die Brücke, Kokoschka, Rilke, Musil, George, Hofmannsthal, Bruckner, Mahler, Richard Strauß, Schnitzler und Trakl betraten die Bühne des Geistes. Die Psychoanalyse – Freud, Jung – erregte höchste Aufmerksamkeit. Die Anthroposophie eines Rudolf Steiners entsteht, kurzum, überall herrschte das Bewusstsein, dass etwas Neues passiert. Der Expressionismus fordert den neuen Menschen. Heidegger rezipierte diese Entwicklungen. Er war kein Gegner der Moderne. Er sah aber auch die Gefahren eines sich stets in neuen Avantgarden übertrumpfen wollenden Fortschrittsdenkens.

Sigmund Freud (1856-1939)

So muß denn das Schwert entscheiden. Mitten im Frieden überfällt uns der Feind. Darum auf! Zu den Waffen! Jedes Schwanken, jedes Zögern wäre Verrat am Vaterlande.

Der Erste Weltkrieg – die *Roaring Twenties*
Dann kam der Erste Weltkrieg (1914-1918), der Europa in eine tiefe Krise fallen ließ. Millionen von Menschen wurden Opfer von Giftgasangriffen, Bombenabwürfen und Materialschlachten. Der Hurra-Patriotismus vor dem Weltkrieg verstummte.

Wilhelm II. (1859-1941)

1. WELTKRIEG

Heideggers akademische Karriere erfährt im Ersten Weltkrieg eine Unterbrechung. Ihm werden die Dienste Post und Wetterbeobachtung zugewiesen. Für mehr taugt seine körperliche Verfassung nicht.

GEISTESLEBEN

Die russische Oktoberrevolution im Jahre 1917 ließ die Welt aufhorchen. Oswald Spengler (1880-1936) warnte wie zuvor schon Friedrich Nietzsche (1844-1900) vor dem *Untergang des Abendlandes*. Während der *Roaring Twenties* in den Metropolen der neuen und alten Welt – New York, Berlin, London, Paris, Wien – kam es zur Entdeckung eines wilden, ungezügelten Individualismus. Heidegger konnte diesen Tendenzen allerdings wenig Positives abgewinnen.

Zweifel am Liberalismus

Wofür noch leben, wofür noch sterben?

Er lehnte den lasziven Geist der Zwanziger Jahre entschieden ab. Der Dadaismus der modernen Unterhaltungsindustrie – Zerstreuungen, Sensationen – waren ihm ein Gräuel. Liberalismus und Pluralismus seien Werte, *wofür sich nicht leben und nicht sterben lohne.* (Heidegger) Aus der liberalen Forderung, *jedem seine Meinung zu lassen*, ergebe sich unter den Bedingungen der Demokratie eine *Sklaverei des Zufälligen*. Heidegger war ein Gegner von Liberalismus und Humanismus; nicht weil er dem Inhumanen das Wort geredet hätte, sondern weil er erkannte, dass des Volkes Meinung nicht immer richtig und vernünftig sein muss. Er folgte in diesem Punkt einer Unterscheidung Jean-Jacques Rousseaus, wonach der *volonté de tous* nicht zu verwechseln ist mit dem *volonté générale*.

> Wenn die Bürger keinerlei Verbindung untereinander hätten, würde, wenn das Volk wohlunterrichtet entscheidet, aus der großen Zahl der kleinen Unterschiede immer die Volonté générale (Gemeinwille) hervorgehen, und die Entscheidung wäre immer gut.

Exkurs: Jean-Jacques Rousseau (1712-1778)

Rousseau wurde am 28. Juni 1712 in der Genfer Altstadt als Kind eines Uhrmachers geboren. Seine Mutter starb kurz nach seiner Geburt, bis zum 11. Lebensjahr wurde er von seinem Vater erzogen. Doch dann verließ letzterer Genf und Rousseau kam zu einer verarmten Aristokratin, Frau Warens, auf deren Geheiß er nach Turin zog, um sich zum Katholizismus bekehren zu lassen. Danach wirkte er als Wanderlehrer, Komponist und Kopist. Mit seiner aus einfachen Verhältnissen stammenden Lebensgefährtin und späteren Ehefrau Thérèse Levasseur hatte er fünf Kinder, die er jedoch alle in ein Waisenhaus schickte. Im *Contrat Social* entwickelt Rousseau seine Vision einer direkten Demokratie. Zentral ist seine Unterscheidung zwischen *volonté générale* und *volonté de tous*. *Volonté générale* verkörpert das wahre Interesse einer Gemeinschaft, der *volonté de tous* demgegenüber nur die zufällige Summe von Einzelwillen.

Was ist der Mensch?

Im Briefroman *Hyperion* von Friedrich Hölderlin heißt es: *Handwerker siehst du, aber keine Menschen, Denker, aber keine Menschen ...* Die Frage nach dem Menschen ist eine der ältesten der Philosophie. Schon das Orakel von Delphi fordert: *Erkenne dich selbst - gnothi seauton.* Die Hybris (Selbstüberhebung) wurde unter den alten Griechen als großes, wenn nicht als das größte Laster angesehen. Der sterbliche Mensch darf sich nicht mit den unsterblichen Göttern auf eine Stufe stellen. Auf eine merkwürdige Definition des Menschen soll Platon gekommen sein, als er ihn als federloses, zweifüßiges Tier bestimmte. Es heißt, dass daraufhin Diogenes von Sinope mit einem gerupften Hahn in die heiligen Pforten der Akademie stürmte, laut rufend: *Voila, ein Mensch!* Die Geschichte zeigt ganz gut, wie problematisch es ist, den Menschen über äußerliche Merkmale zu definieren, sei es als federloses zweifüßiges Tier, animal rationale, zoon politikon ... Deswegen wählte Heidegger einen anderen Weg, um das Wesen des Menschen zu bestimmen.

Wie erringe ich ein besseres Verständnis vom Menschen?

Phänomenologische Methode

Er beginnt seine Philosophie nicht mit Definitionen, sondern mit einer Erscheinungsform (Phänomenologie) des Seins, die uns bekannt ist: der menschlichen Existenz. Betrachten wir unser Dasein, so müssen wir als erstes konstatieren, dass wir kontingent in die Welt „geworfen" sind. Wir befinden uns immer schon in der Faktizität des In-der-Welt-seins. Unser Sein ist geprägt von einer Grundstimmung der Angst als dem – wie Heidegger sagt – *Sein zum Tode.* Der Mensch sorgt sich um sich und die Mitmenschen, er entwirft Pläne für die Zukunft. Soweit wir wissen, entwerfen Tiere keine Zukunftspläne. Nur der Mensch ragt gleichsam in die Zeit und in die Welt hinaus = Existenz. Das Wort Existenz stammt vom Lateinischen *existere* und bedeutet soviel wie *heraustreten, hervortreten, entstehen.*

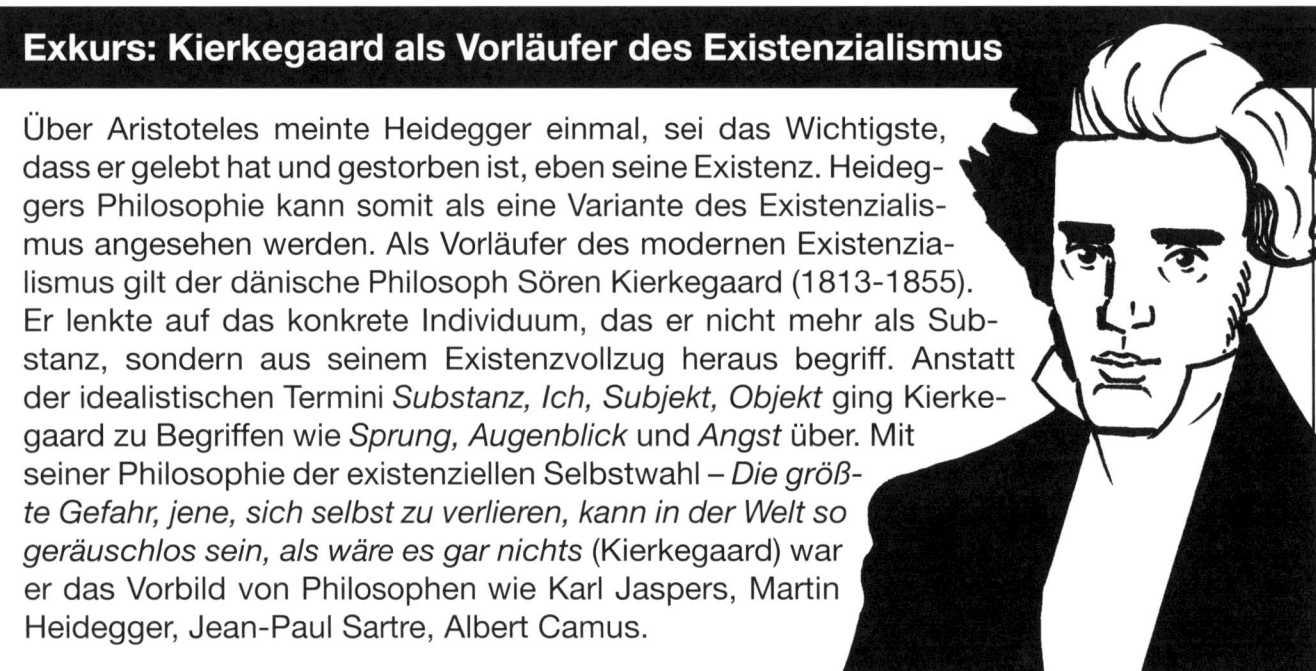

Exkurs: Kierkegaard als Vorläufer des Existenzialismus

Über Aristoteles meinte Heidegger einmal, sei das Wichtigste, dass er gelebt hat und gestorben ist, eben seine Existenz. Heideggers Philosophie kann somit als eine Variante des Existenzialismus angesehen werden. Als Vorläufer des modernen Existenzialismus gilt der dänische Philosoph Sören Kierkegaard (1813-1855). Er lenkte auf das konkrete Individuum, das er nicht mehr als Substanz, sondern aus seinem Existenzvollzug heraus begriff. Anstatt der idealistischen Termini *Substanz, Ich, Subjekt, Objekt* ging Kierkegaard zu Begriffen wie *Sprung, Augenblick* und *Angst* über. Mit seiner Philosophie der existenziellen Selbstwahl – *Die größte Gefahr, jene, sich selbst zu verlieren, kann in der Welt so geräuschlos sein, als wäre es gar nichts* (Kierkegaard) war er das Vorbild von Philosophen wie Karl Jaspers, Martin Heidegger, Jean-Paul Sartre, Albert Camus.

Jugend in Meßkirch

Heidegger wurde am 26. September 1889 geboren. Seine Mutter Johanna, geborene Kempf, war eine Bauerntochter aus dem nahegelegenen Dorf Göggingen. Auf dem Bauernhof war der junge Martin später oft zu Besuch. Über das Dorfschulhaus in Göggingen schreibt er später: *Das Dorfschulhaus in Göggingen – mit dem wohlgepflegten großen Garten, mit den aufgeräumten Stuben und der blanken Küche ... nur Auge und Herz der Kindheit vermögen seinen ganzen Zauber zu erfahren; die versteckten Wege zwischen den dichtbehangenen Stachelbeersträuchern, den leuchtenden Blumenbeeten, und dem fruchtbaren Gemüseland, hinten der Brunnen mit dem Wasserfass, wo es viel zu spielen und noch mehr zu spritzen gab, daneben das Häuschen mit dem Backofen, um den der Duft des frischgebackenen Brotes schwebte. Die Aufenthalte in diesem Dorfschulhaus gehören zu dem kostbarsten Besitz meiner Kindheit.*

Der Vater – ein großer Schweiger

Der Vater, Friedrich Heidegger (1851-1924), wird als schweigsamer und fleißiger Küfer, die 18 Jahre jüngere Mutter als fröhlich und lebensfroh geschildert. Die Familie, in der Sparsamkeit großgeschrieben wurde, brachte es zu bescheidenem Wohlstand. Zwei Jahre nach Martin wird Marie, die in Heideggers Leben keine größere Rolle spielen wird, und nach fünf Jahren der Bruder Fritz geboren. Fritz Heidegger – er wurde Bankbeamter – hat dem Ort die Treue gehalten. Martin und Fritz liebten es, aus den Resten des Eichenholzes aus der Küferwerkstatt Schiffe zu schnitzen, die sie dann im Bach schwimmen ließen. Zu den wichtigsten Orten seiner Kindheit zählen neben der Werkstatt des Vaters (der kleine Martin half schon früh bei der Zurichtung des Holzes für die Fässer) der Glockenturm (zu dem die Kinder, da der Vater der Mesner war, bevorzugt Zugang hatten), die Wälder, Lichtungen und Feldwege um Meßkirch. Die beiden Mesnersöhne hatten die Aufgabe, täglich um drei die Glocken zu läuten. Über den Glockenturm schreibt Heidegger später: *Dort oben hauste ich viel bei den Dohlen und Mauerschwalben und träumte in das Land.*

Geheimnisvoller Kirchturm

Über Heideggers Jugend scheint ein Zauber geschwebt zu haben, er selbst beschreibt seine Jugend mit teilweise mystischen Untertönen. Im autobiographischen Fragment aus dem Jahre 1954 heißt es über das Glockengeläut und die erwartungsfrohe Stimmung an Festtagen: *In der Karwoche durften die Glocken nicht läuten, sodass die Buben die Gläubigen mit einer Ersatzkonstruktion zum Gottesdienst riefen: Eine durch eine gedrehte Kurbel in Bewegung gesetzte Reihe von Holzhämmern schlugen auf hartes Holz auf ... Die geheimnisvolle Fuge, in der sich die kirchlichen Feste, die Vigiltage, und der Gang der Jahreszeiten und die morgendlichen, mittäglichen und abendlichen Stunden jedes Tages ineinanderfügten, so dass immerfort ein Läuten durch die jungen Herzen, Träume, Gebete und Spiele ging – sie ist es wohl, die mit eines der zauberhaftesten und heilsten und währendsten Geheimnisse des Turmes birgt, um es stets gewandelt und unwiederholbar zu verschenken bis zum letzten Geläut.*

Fritz Heidegger in einem Geburtstagsbrief

Der junge Martin sei ein begeisterter Fußball-spieler gewesen und habe es geliebt, an Reck und Barren zu turnen. Zudem sei er im Sommer ein wackerer Schwimmer und im Winter *ein flotter Schlittschuhläufer* gewesen, wie Fritz Heidegger in einem Geburtstagsbrief an seinen älteren Bruder schreibt: *Du warst ein gewandter Turner am Reck und am Barren, im Sommer ein guter Schwimmer und im Winter ein flotter Schlittschuhläufer auf dem Eisweiher drunten neben der Heglemühle. ... Ich sehe Dich heute noch, wie Du im Sturm als Linksaußenspieler oft nach einem schneidigen Schuss noch einen Augenblick gespannt verharrtest, bis der Ball haarscharf am Tor vorbeigeflogen war.* Über eine Schlacht zwischen den Knaben aus Meßkirch und denjenigen aus Göggingen schreibt er: *Bei unserer Truppe spieltest Du den Hauptmann, geschmückt mit einem stattlichen eisernen Säbel.* Überflüssig hinzuzufügen, dass Heideggers Truppe gewann.

Exkurs: Heidegger und der Fußball

Heidegger liebte zeitlebens den Fußball, wovon einige Anekdoten zeugen. Da Heidegger als Professor in seinem Freiburger Stadthaus kein Fernsehgerät besaß, habe er bei besonders wichtigen Spielen bei seinem Nachbarn Brinkmann geklingelt und sich in die Zuschauerschar eingereiht. Beckenbauer bezeichnete er als griechischen (Halb)gott, weil er offenbar unverwundbar sei. Als er auf einer Bahnfahrt den damaligen Intendanten des Freiburger Theaters traf, beklagte sich letzterer darüber, Heidegger nie im Theater zu sehen. Heidegger gab zur Antwort, dass ihn diese heutige Form der Repräsentation im Gegensatz zur Teilhabe im griechischen Theater nicht interessiere. Fußball sei da schon etwas anderes. Silvio Vietta erzählt, wie er als Kind vor seinem Elternhaus Fußball spielt und der Vater mit seinem Freund aus dem Haus tritt. Letzterer verlangt den Ball und schießt ihn mit Wucht gegen das Garagentor. Es handelte sich um den 60-jährigen Martin Heidegger.

Schulausbildung

Die Zeit in der Volksschule Meßkirch – die Pädagogen machten häufig von der Prügelstrafe Gebrauch – war von weniger guter Erinnerung. In seinem letzten Jahr an der Schule wird Martin immerhin als Jahrgangsbester ausgezeichnet. 1903 wechselt er dann im Alter von 14 Jahren in die Untertertia des humanistischen Großherzoglich-badischen Gymnasiums nach Konstanz, 40 Kilometer südlich seiner Heimatstadt. *Streng waren die Lehrer auch dort, sehr streng, aber lernen konnte man bei ihnen, auch wenn sie oft recht seltsam waren,* sagte Heidegger später. In Griechisch, Latein und Deutsch wurde Heidegger von guten Lehrern unterrichtet. Außerhalb des Unterrichts las er Stifters Sammlung *Bunte Steine*. Stifter wurde mit seinen sanften und einfachen Naturbeschreibungen zum maßgeblichen Dichter. 1906 wechselte er wegen eines Stipendiums ans Bertholdgymnasium in Freiburg, wo er als Zögling ins erzbischöfliche Gymnasialkonvikt St. Georg eintrat.

Studium

Nach dem Abitur im Sommer 1909 begann Heidegger im Wintersemester 1909/1910 Theologie- und Philosophie an der Universität in Freiburg im Breisgau zu studieren, um Priester zu werden. Er tritt am 30. September 1909 ein Noviziat im Ordenshaus der Gesellschaft Jesu bei Tisis bei Feldkirch (Voralberg) an. Doch die 14-tägige Probezeit besteht er nicht. Wahrscheinlich hat er zu wenig Demut gezeigt, die Gründe für sein Scheitern bleiben unbekannt. Immer noch will Heidegger Priester werden. Doch das Theologiestudium befriedigt ihn nicht. 1911 bricht er seine Priesterlaufbahn ab und studiert nun Mathematik, Naturwissenschaften (er belegt Vorlesungen und Übungen in Physik, Chemie, Zoologie und Botanik) und Philosophie. Heidegger erkannte, dass Grundkenntnisse in den Naturwissenschaften zu einem modernen Philosophiestudium einfach dazu gehörten. *Mein philosophisches Interesse wurde durch das mathematische Studium nicht vermindert, im Gegenteil ...* In der Philosophie interessierte sich Heidegger vor allem für die Disziplin der Logik.

Philosophische Interessen

Über seine philosophische Entwicklung gibt Heidegger selbst die beste Auskunft: *Mein akademisches Studium begann im Winter 1909/10 in der Theologischen Fakultät der Universität Freiburg. Die Hauptarbeit für die Theologie ließ aber noch Raum genug, für die ohne hin zum Studienplan gehörende Philosophie. So standen denn seit dem ersten Semester auf meinem Studierpult im Theologischen Konvikt die beiden Bände von Husserls 'Logischen Untersuchungen'. Sie gehörten der Universitätsbibliothek. Der Ausleihtermin konnte immer wieder verlängert werden. Das Werk wurde offenbar von den Studierenden wenig verlangt.* Heideggers philosophisches Initialerlebnis war Franz Brentanos *Von der mannigfachen Bedeutung des Seienden nach Aristoteles* (1862). Brentano übte mit seiner in seinem Werk *Psychologie vom menschlichen Standpunkt* ausgeführten Theorie von der Intentionalität alles Mentalen einen entscheidenden Einfluss auf Husserls Phänomenologie aus. Letztere bot Heidegger die Chance, aus den eingetreten Fußstapfen der damaligen Schulphilosophie des sogenannten Neukantianismus auszutreten.

Exkurs: Brentanos Intentionalität und die Phänomenologie

Franz Brentano (1838-1917) machte darauf aufmerksam, dass Gedanken im Unterschied zu physikalischen Phänomenen immer schon auf etwas gerichtet sind, da sie sich jeweils auf Sachverhalte und Gegenstände beziehen. Man hofft, erwartet, denkt an *etwas*. Brentano nannte dies die *Intentionalität* alles Mentalen. Diesen Ansatz führt Husserl in seiner *Phänomenologie* fruchtbringend weiter, wenn er sinnbildende Akte mit dem Begriff der *noesis* bezeichnet und den Sinngehalt *noema* nannte (*noesis* und *noema* sind beides griechische Ausdrücke und bedeuten *Gedanke, Sinn*). Mit seinem Aufruf *zu den Sachen selbst* und dem Begriff *Lebenswelt* als Urgrund, aus dem alles Denken entspringe, versuchte Husserl die ursprüngliche Erscheinungsform der Dinge – die Phänomene selbst – in den Blick zu bekommen. Die Phänomenologie stützt sich zwar auf die subjektiven Bewusstseinsakte, legt aber gleichzeitig deren objektive Struktur frei. Die Phänomenologie wurde von Heidegger als Befreiung vom neuzeitlichen Wissenschaftsmodell, das vor allem auf die Mathematik setzt, verstanden. Jean-Paul Sartre faszinierte an der Phänomenologie, dass man mit ihrer Hilfe ständig und an jedem Ort philosophieren könne: zum Beispiel in einem Restaurant über ein Weinglas.

Exkurs: Neukantianismus

Die Vertreter des Neukantianismus versuchten den Kantischen Kritizismus für eine Wissenschaftstheorie und Methodenlehre zu nutzen. Allerdings ist nun nicht mehr so wichtig, was wir wissen und nicht wissen können (Kants erkenntnistheoretische Fragestellung), sondern wie wir unser vielfältig gewonnenes Wissen in den verschiedenen Wissensgebieten (Wissenschaften) systematisieren bzw. fundieren können. Verhandelt wurde die Frage, ob alle Wissenschaften sich auf die gleiche Methode stützen können oder ob es einen Unterschied zwischen den Geistes- und Naturwissenschaften gibt. Welche Rolle spielen Philosophie und Ethik? Wie lassen sich Werte begründen? Es wird zwischen der werttheoretisch geprägten Badischen oder Südwestdeutschen Schule (Wilhelm Windelband 1848-1915, Heinrich Rickert 1863-1936, Emil Lask 1875-1915) und der Marburger Schule (Hermann Cohen 1842-1918, Paul Natorp 1854-1924, Ernst Cassirer 1874-1945) unterschieden. *Es stand für sie (die Marburger Schule) mit völliger Selbstverständlichkeit fraglos fest, dass in den Wissenschaften die eigentliche Vollendung des Wissbaren überhaupt liege, dass die Objektivierung der Erfahrung durch die Wissenschaft den Sinn von Erkenntnis ganz und gar erfülle.* (Hans-Georg Gadamer)

Doktorarbeit und Habilitation

Ab dem Jahr 1912 arbeitete Heidegger an seiner Doktorarbeit. Am 26. Juli 1913 wurde er bei dem eher unbekannten Arthur Schneider mit einer Dissertation zum Thema *Die Lehre vom Urteil im Psychologismus. Ein kritisch-positiver Beitrag zur Logik* mit der Beurteilung *summa cum laude* promoviert. Heidegger versuchte an der Lehre vom Urteil scharf das Logische vom Psychischen zu trennen. Erst wenn diese Arbeit geleistet wäre, könne man dazu übergehen, das Sein in *seinen verschiedenen Wirklichkeitsbereichen (zu) gliedern, deren Eigenart scharf herausheben und die Art ihrer Erkenntnis und die Tragweite derselben sicher bestimmen.* (Heidegger) Insgesamt lässt die Dissertation noch wenig von der späteren Genialität Heideggers ahnen. Nun will sich der frischgebackene Doktor der Philosophie über ein Thema der Spätscholastik habilitieren. Im Frühjahr 1915 ist es so weit: Heidegger reicht seine Schrift *Die Kategorien- und Bedeutungslehre des Duns Scotus* bei Heinrich Rickert ein. Im Gegensatz zur Flüchtigkeit der Moderne sah Heidegger den mittelalterlichen Menschen in seinem Sein substanzieller verankert.

Ein paar Tropfen Phänomenologie in die Scholastik ....

Heideggers Mitwirken an der Urkatastrophe

Erster Weltkrieg 1914-1918

Die Habilitationsschrift fällt in die Zeit des Beginns des Ersten Weltkrieges. Heidegger verfällt nicht in die allgemeine Euphorie und den Hurra-Patriotismus. *Auf in den Kampf, mir juckt die Säbelspitze, Ausflug nach Paris, Auf Wiedersehen auf dem Boulevard* – stand bei der Abfahrt der kaiserlichen Soldaten auf den Waggons. Er wird am 14. Oktober einberufen, bald darauf wegen Herzbeschwerden entlassen. In einem Brief nennt er einen Herzklappenfehler als Grund dafür. So konnte Heidegger als freigestellter Reservist an seiner Arbeit über Duns Scotus weiterarbeiten. Rickert nahm sie an und nach einer Probevorlesung über den *Zeitbegriff in den Geschichtswissenschaften* konnte Heidegger als Privatdozent lehren.

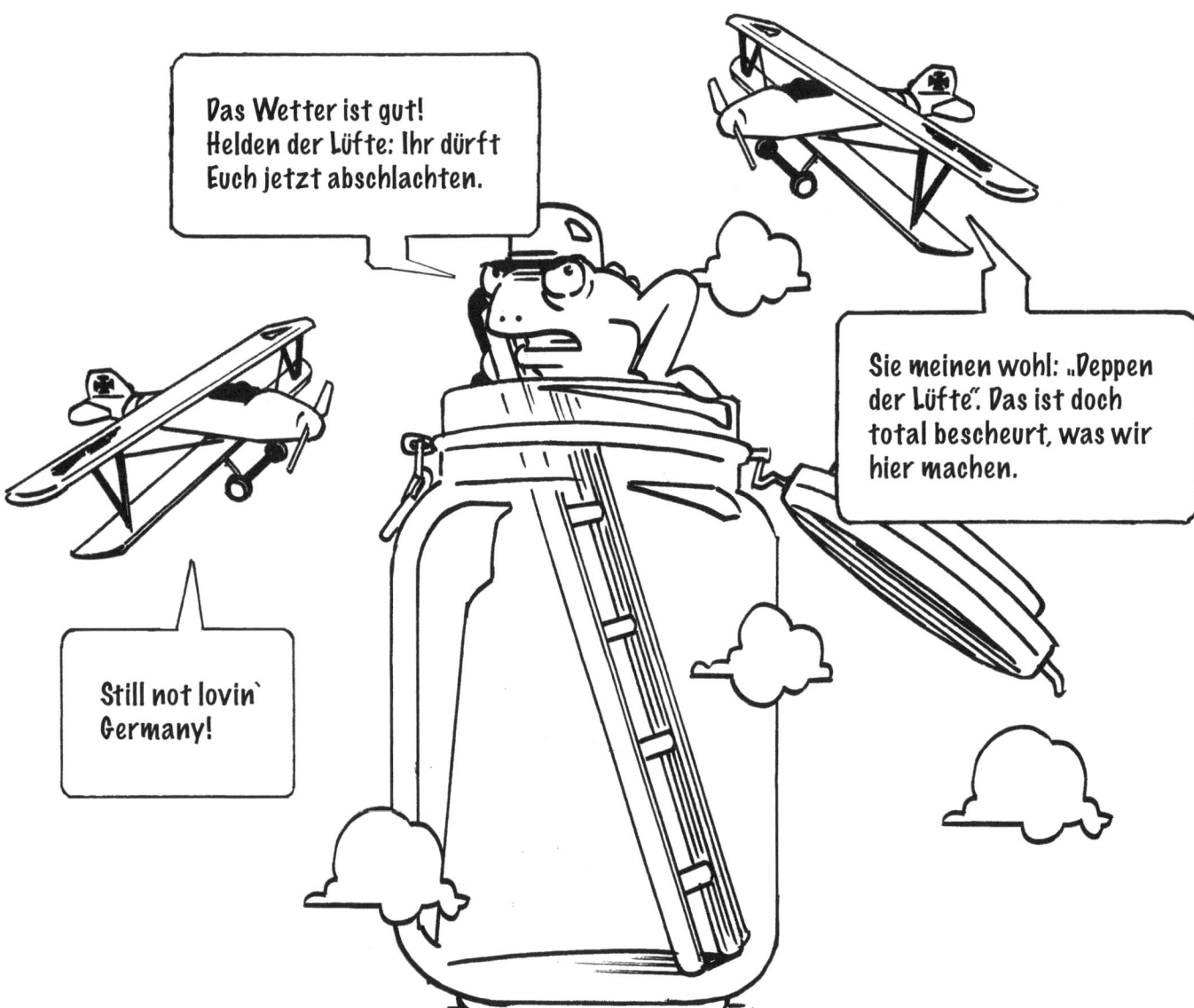

Zunächst wurde er jedoch im August 1915 noch einmal kurz eingezogen. Da er schon bald wieder wegen nervöser Erschöpfung im Lazarett lag, wurde ihm die weniger rühmliche Aufgabe übertragen, in der Postüberwachungsstelle Freiburg als Zensor die Feldpost zu überwachen und alles Verdächtige zu melden. Gegen Ende des Krieges wurde er als „Wetterfrosch" – bei der militärischen Wetterwarte – an der Westfront eingesetzt.

Zurück zu den Sachen!

IDEOLOGIEN UND EXISTENZANNAHMEN

Edmund Husserl (1859-1938)

Kontakt zu Husserl

Im Sommer 1916 wurde Edmund Husserl als Nachfolger von Heinrich Rickert nach Freiburg berufen. Heidegger geriet schnell in den Bannkreis des Begründers der *Phänomenologie: Husserls Belehrung geschah in der Form der schrittweisen Einführung des 'phänomenologischen' Sehens, das zugleich ein Absehen vom ungeprüften Gebrauch philosophischer Kenntnisse verlangte, aber auch den Verzicht, die Autorität der Großen ins Gespräch zu bringen.* (Heidegger) Husserl wollte mit seiner Forderung *Zurück zu den Sachen* zunächst einmal sämtliche Ideologien und Existenzannahmen – die Frage nach Gott, der Materie usw. – in einer *epoché* (griech. *Zurückhaltung*) ausgeklammert wissen, und sich nur auf den Bewusstseinsinhalt konzentrieren. Husserl kümmerte sich väterlich um den talentierten Heidegger und setzt sich beim Karlsruher Ministerium beruflich für ihn ein. Erst 1920 – als Dreißigjähriger – erhielt Heidegger eine planmäßige Assistentenstelle am philosophischen Seminar der Freiburger Universität.

Heirat mit Elfride Petri

1915 lernte Heidegger seine zukünftige Frau, die zweiundzwanzigjährige Elfride Petri, kennen. Sie studierte in Freiburg und sprach ihn nach einem Kant-Seminar an. Heidegger fing sofort Feuer und schrieb ihr Liebesbriefe: *Seelchen, falte Deine reinen Hände u. lege sie in die meinen – nimm meine Seele, Dein ist sie – Du Heilige – und die Flammen und Gluten sollen zusammenschlagen und auflodernd sich verzehren in der Sehnsucht ...* Elfride Petri, Tochter eines höheren preußischen Offiziers, studierte in Freiburg Nationalökonomie. Sie war eine überzeugte Feministin, sprach fließend Französisch und Englisch und stand der Wandervogelbewegung nahe. Nach der Verlobung heirateten die beiden im März 1917. Ein Freund Heideggers, der Priester und Professor für katholische Theologie Engelbert Krebs, vollzog die Trauung. Später schreibt er: *Es war eine Kriegstrauung ohne Orgel, Brautkleid, Kranz und Schleier, Wagen und Pferde, Festmahl und Gäste, zwar mit dem brieflich eingetroffenen Segen der Eltern beider, aber ohne deren Anwesenheit.* 1919 wird der Sohn Jörg und 1920 der Sohn Hermann geboren.

Ich suche vielmehr nach einem ursprünglichen Zugang zum Christentum.

Kampfgefährte Jaspers

Im Jahre 1919 bricht Heidegger mit dem Katholizismus. *Erkenntnistheoretische Einsichten, übergreifend auf die Theorie des geschichtlichen Erkennens haben mir das System des Katholizismus problematisch und unannehmbar gemacht.* 1920 lernt er in Husserls Haus Karl Jaspers kennen. 1919 war dessen Werk *Psychologie der Weltanschauungen* erschienen. Jaspers entwickelt darin anhand der Figuren des Skeptikers, Nihilisten, Mystikers, Enthusiasten usw. bestimmte Typologien von Weltanschauungen, wie sie in der Geistesgeschichte entstanden sind. In der Schrift ist von *Grenzsituationen* (Tod, Schuld, Leiden, Kampf) die Rede. In ihnen zeige sich, was für ein Mensch man sei und welche letzten Wertorientierungen man verfolge. Heidegger hatte das Werk gelesen und arbeitete an einer wohlwollenden Rezension. Beide fühlten sich als verwandt im Geiste der Rebellion gegen die akademische Philosophie und der Ablehnung des reinen Methodendenkens des Neukantianismus.

Exkurs: Karl Jaspers (1883-1969)

Karl Jaspers war der erste deutsche Existenzphilosoph. Er war der Sohn eines wohlhabenden Bankdirektors in Oldenburg an der Nordsee. Nach dem Abitur studierte er zunächst Rechtswissenschaft, während eines Kuraufenthaltes in Sils-Maria – er litt Zeit seines Lebens an einer Lungenkrankheit – entschloss er sich jedoch Medizin mit dem Schwerpunkt Psychologie zu studieren. 1909 wurde er zum Arzt zugelassen, die Philosophie lernte er als Autodidakt. 1913 habilitierte sich Jaspers bei Wilhelm Windelband im Fach Psychologie und trat 1916 in Heidelberg eine Professorenstelle an. 1910 hatte Jaspers die Jüdin Gertrud Mayer geheiratet. Deswegen wurde er im NS-Staat 1937 von der Universität entlassen sowie mit einem Publikationsverbot belegt. Nach dem Krieg setzte sich Jaspers rigoros mit der Schuldfrage auseinander. In der Schrift *Die Schuldfrage* aus dem Jahr 1946 sprach er von einer Kollektivschuld der Deutschen, sich selbst wollte er dabei keineswegs ausgeschlossen wissen. Jaspers galt in der Aufbauphase der Bundesrepublik Deutschland international als einer der wichtigsten geistigen Repräsentanten des „anderen Deutschland".

Kampfgemeinschaft für eine Erneuerung der Universität

Jaspers und Heidegger lernten sich im April 1920 in Freiburg aus Anlass einer Feier zum 61. Geburtstag von Edmund Husserl kennen. Jaspers – sechseinhalb Jahre älter als Heidegger – hatte mit der *Psychologie der Weltanschauungen* einen Achtungserfolg erzielt. Heidegger schrieb eine lange und wohlwollende Rezension. Zwei Wochen nach dieser persönlichen Begegnung begann die Korrespondenz. In der Folge besuchte Heidegger Jaspers öfter in Heidelberg. Es ging ihnen gemeinsam um eine Erneuerung der ihrer Meinung nach akademisch erstarrten deutschen Universitätsphilosophie, die an zu viel Bürokratie und Professoreneitelkeit litt. In gewisser Weise waren Jaspers und Heidegger damals Vorläufer der Studentenbewegung mit der 68er Parole: *Unter den Talaren – Muff von tausend Jahren.*

Liebender Kampf

Jaspers hatte mit dem Begriff *Liebender Kampf* beschrieben, wie eine wahre Freundschaft aussehen muss. Sie erfordere gleiche Augenhöhe, gegenseitiges Wohlwollen und Freimut, dem Freund wenn nötig offen die Wahrheit zu sagen = parrhesia. Heidegger und Jaspers waren sich philosophisch keineswegs überall einig. So vermisste Heidegger bei Jaspers eine ernsthafte Auseinandersetzung mit der griechischem Philosophie und Jaspers kritisierte an *Sein und Zeit*, dass Heidegger zu wenig ethische Orientierung biete. Es ist nötig, dem Freund ehrlich die Meinung zu sagen, selbst wenn eine solche Offenheit manchmal als verletzend empfunden werden kann. Denn nur so ist bei ihm eine Entwicklung und eine Förderung seiner Talente und Möglichkeiten zu bewirken.

Gescheiterte Freundschaft: Heidegger und Jaspers

Wendepunkt der Beziehung

Die Entfremdung setzte ein, als Karl Jaspers in der Schrift *Die Idee der Universität* (1923) seine Vorstellungen einer Reform erläuterte. Darin äußert er sich eher vage über die Zukunft der Philosophie, wenn er behauptet, dass eine *Philosophie, die nicht in der Persönlichkeit existenziell wird, ... keinen geistigen Charakter habe*. Gegenüber Jaspers erklärte Heidegger, dass er sich über seine Schrift mündlich äußern würde, gegenüber Bekannten meinte er jedoch, dass es mit der Kampfgemeinschaft mit Jaspers wohl nichts werde. Jaspers war über die fehlende Reaktion enttäuscht und bezeichnet sie später als *Wendepunkt der Beziehung* zwischen ihm und Heidegger. Im Unterschied zu Jaspers, der die Philosophie vor allem mit einem Lebensstil und weniger mit einer bestimmten philosophischen Terminologie in Zusammenhang brachte, sah Heidegger die Zukunft der Philosophie durchaus als Arbeitsprozess innerhalb der reformierten Universität.

Er schien ein Freund, der einen verriet, wenn man abwesend war ...

AKADEMISCH ERSTARRTE PHILOSOPHIE

Bruch der Freundschaft

Zum Bruch kam es, als Heidegger im Jahr 1935 auf Anfrage des Göttinger Dozentenbundes ein vernichtendes Gutachten über Eduard Baumgarten schrieb. Heidegger: *Dr. Baumgarten war von 1929 – 1931 in meinen Vorlesungen und Übungen mit der Absicht, sich in Freiburg für Philosophie zu habilitieren. Im Laufe der genannten Zeit stellte sich heraus, dass er weder wissenschaftlich noch charakterlich sich dazu eignet ... Dr. Baumgarten kommt verwandtschaftlich und seiner geistigen Haltung nach aus dem liberal demokratischen Intellektuellenkreis um Max Weber. Während seines hiesigen Aufenthaltes war er alles andere als ein Nationalsozialist. ... Nachdem Baumgarten bei mir gescheitert war, verkehrte er sehr lebhaft mit dem früher in Göttingen tätig gewesenen und nunmehr hier entlassenen Juden Fraenkel ...*. Jaspers, dem das Gutachten zugespielt wurde, musste sich persönlich angegriffen fühlen, denn Heidegger monierte an Baumgarten Dinge, die Jaspers heilig waren. Jaspers – er war mit einer Jüdin verheiratet und Max Weber war ihm stets ein Vorbild – ist zutiefst verletzt. Schlagartig wird ihm klar, dass es mit der liebenden Kampfgemeinschaft mit Heidegger zuende ist.

Massenphänomene

Heidegger wurde 1889 – hundert Jahre nach der Französischen Revolution – geboren. Im gleichen Jahr kamen Adolf Hitler und Ludwig Wittgenstein zur Welt. Das Deutsche Reich Wilhelms II. trieb dem Ersten Weltkrieg entgegen. Erste Elemente der Propaganda (Postkarten vom Kaiser, von Soldaten, Offizieren) wurden erfunden. Die von Marx prophezeite proletarische Revolution blieb aus. Im Gegenteil: die Sozialdemokratie bewilligte die Kriegskredite des Kaisers. Der wiederum wollte nur noch Deutsche kennen. Erfindungen wie das Telephon und die Photographie, der Film verändern die Wahrnehmungsweisen der Menschen. In Berlin wurde in den 20er Jahren die erste Autobahn der Welt (Avus) gebaut. Verkehrsströme am Potsdamer Platz deuten auf ein neues Zeitalter, das der Geschwindigkeit, hin.

Unter den Sohlen schiebt sich hin die Einsamkeit des Feldweges durch den sinkenden Abend. In dem Schuhzeug schwingt der verschwiegene Zuruf der Erde, ihr stilles Verschenken des reifenden Korns und ihr unerklärtes Sichversagen in der öden Brache des winterlichen Feldes.

Vincent van Gogh: Ein Paar Schuhe

Zeitalter der Avantgarden

Arnold Schönberg und Alban Berg entwickelten die Zwölftonmusik, in Dresden und Dessau entstand die funktionale Architektur des Bauhausstils – Walter Gropius, Ludwig Mies van der Rohe, Oskar Schlemmer. Bertolt Brecht schuf mit seinem epischen Theater ein neues dramaturgisches Stilmittel. Mit Klassikern wie *Panzerkreuzer Potemkin* (Sergej Eisenstein), *Metropolis* (Fritz Lang) und *Moderne Zeiten* (Charlie Chaplin) machte der Film auf sich aufmerksam. Impressionismus, Expressionismus, Neue Sachlichkeit, Dadaismus – in der Moderne übertrumpfen sich die Avantgarden. Heidegger befasste sich mit den Gedichten Rainer Maria Rilkes, Georg Trakls und Stefan Georges. Vor seinen Studenten sprach er über Bilder von Franz Marc und beschäftigte sich intensiv mit dem Maler Vincent van Gogh.

Kulturhistorischer Hintergrund

Der Sport und neue Gedanken brechen sich Bahn
Die Neubelebung der Olympischen Spiele seit 1896 führten zu einer Aufwertung des Sportes. Auch Heidegger gab sich sportlich, trat bei einer berühmten philosophischen Diskussion mit Ernst Cassirer in Davos schneidig im Skianzug auf. Bücher wie Ernst Haeckels *Die Welträtsel*, Heinrich Rickerts *Kulturwissenschaft und Naturwissenschaft*, Ellen Keys *Das Jahrhundert des Kindes*, Georg Simmels *Philosophie des Geldes*, Max Plancks *Die Quantentheorie*, Otto Weiningers *Geschlecht und Charakter* repräsentierten den Aufbruchsgeist zu Beginn des zwanzigsten Jahrhunderts. Albert Einsteins Entdeckung über die Relativität der Zeit erschütterte die Philosophie. Damit war das Newton'sche Weltbild aus den Fugen geraten. In der Malerei lösten sich die Künstler des Kubismus von der Zentralperspektive und benutzten eine radikal veränderte Formensprache, in der die Sicht durch eine Vielzahl von Perspektiven gebrochen schien. Pablo Picasso experimentierte mit kubistischen Figuren, die in einem einzigen Bild gleich mehrere Ansichten vereinten.

> Zwei große Kränkungen ihrer naiven Eigenliebe hat die Menschheit im Laufe der Zeiten von der Wissenschaft erdulden müssen. Die erste, als sie erfuhr, daß unsere Erde nicht der Mittelpunkt des Weltalls ist, sondern ein winziges Teilchen eines in seiner Größe kaum vorstellbaren Weltsystems. ... Die zweite dann, als die biologische Forschung das angebliche Schöpfungsvorrecht des Menschen zunichte machte, ihn auf die Abstammung aus dem Tierreich und die Unvertilgbarkeit seiner animalischen Natur verwies. Die dritte und empfindlichste Kränkung aber soll die menschliche Größensucht durch die heutige psychologische Forschung erfahren, welche dem Ich nachweisen will, daß es nicht einmal Herr ist im eigenen Hause, sondern auf kärgliche Nachrichten angewiesen bleibt von dem, was unbewußt in seinem Seelenleben vorgeht.

Die Geburt der Psychoanalyse und der deutschen Soziologie
Der Wiener Psychoanalytiker Sigmund Freud vertrat die These, dass sich unser Bewusstsein als schmaler Grat über einem Meer von unbewussten Ängsten, frühkindlichen Erfahrungen und sexuellen Phantasien erhebe. Freud sah in der Zivilisation nur eine dünne Oberfläche, die von im Menschen untergründig wirkenden zerstörerischen Trieben durchbrochen werden könnte. Auch für Heidegger ist das letzte Wort über den Menschen noch nicht gesprochen. Berühmt ist seine Bemerkung im *Spiegel*: *Nur noch ein Gott kann uns retten*. Interessant ist eine Parallele Heideggers zu dem deutschen Soziologen Max Weber. Letzterer befand, dass der moderne Mensch alles andere als frei sei, sondern wegen der Zunahme von Bürokratie und Verwaltung in einem *Gehäuse der Hörigkeit* lebe. Dem entspricht ungefähr Heideggers Warnung vor der Technik bzw. vor der Technik in Form des *Gestells*. Der Mensch werde letztlich von der Technik in seinem ganzen Sein auf eine existenzielle Probe gestellt.

Jahrhundert der Extreme (Eric Hobsbawm)
Nationalsozialismus, Stalinismus, zwei äußerst blutige Weltkriege, Rassenwahn, der Holocaust, die Atombombe, Wohlstand auf der einen, krasse Hungersnöte auf der anderen Seite der Erdhalbkugel: Heidegger lebte in einem *Jahrhundert der Extreme*, wie der britische Historiker Eric Hobsbawm das 20. Jahrhundert nennt.

Unter dem NS-Regime wird Deutschland der Ursprung allen Grauens: Der 2. Weltkrieg und die Shoa verstören die Welt. Heidegger begrüßt 1933 noch die Machtergreifung der Nazis, tritt der NSDAP bei und verbleibt in ihr bis Kriegsende.

Am 6. und 9. August 1945 werfen die USA im Krieg gegen Japan Atombomben auf Hiroshima und Nagasaki. In der Folge kapituliert Japan. Damit endet der 2. Weltkrieg.

Nach 1945 stand die Menschheit mehrere Male kurz vor dem Abgrund eines atomaren Infernos. Heidegger war ein Gegner des Sowjetregimes, lehnte jedoch auch den „american way of life" ab. Beides waren ihm vom *Gestell* gesteuerte Massenphänomene. Zwischen der Scylla des Bolschewismus und der Charybdis der Kommerzkultur sprach Heidegger der nationalsozialistischen Bewegung eine gewisse „innere Wahrheit und Größe" zu. Diese krasse Fehleinschätzung hat er auch nach dem Ende des Zweiten Weltkrieges leider nie korrigiert.

Unter Josef Stalin (1878-1953) wird die Sowjetunion zu einem totalitären Staat. Unterdrückung, Arbeitslager und Hinrichtungen kennzeichnen das autoritäre Regime.

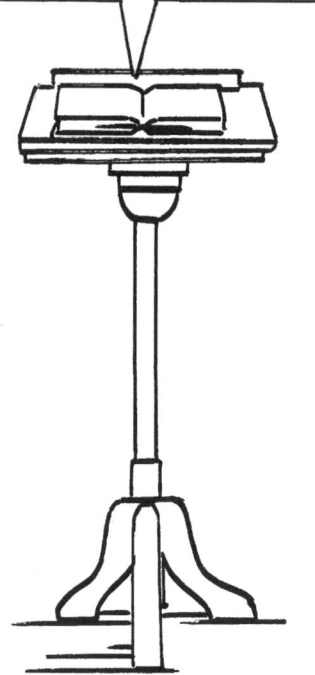

> Mir steht kein Erkenntnissubjekt gegenüber. Wer mich zu objektivieren versucht, irrt.

Kritik der neuzeitlichen Erkenntnistheorie

Um Heideggers zu Beginn der 20er Jahre ausgearbeiteten Neuansatz in der Philosophie zu verstehen, muss man auf seine Kritik an der neuzeitlichen Erkenntnistheorie eingehen. Im Wesentlichen gehen Empirismus, Rationalismus und der kantische Kritizismus davon aus, dass dem Menschen in der Welt Objekte gegenüberstehen, die er nur richtig erfassen muss (bei Kant allerdings vermittelt durch formale Anschauungsformen und Kategorien). Dem hält Heidegger in seiner frühen Vorlesung *Phänomenologische Interpretationen zu Aristoteles* entgegen: *Es ist ... nicht so, dass Gegenstände zunächst da sind als nackte Wirklichkeiten, etwa Naturgegenstände, die dann im Verlauf des Erfahrens einen Wertcharakter angezogen bekommen, damit sie nicht so nackt herumlaufen. ... Vielmehr entspringt die Gegenständlichkeit Natur erst aus dem Grundsinn des Gegenstandseins von gelebter, erfahrener, begegneter Welt.* Mit anderen Worten: Tatsächliche und begriffliche (Vorstellungen, Ideen) Objekte entstehen aus der menschlichen Tätigkeit.
Ähnlich hatte schon Karl Marx argumentiert.

> Umgekehrt muss Heidegger vorgehalten werden, dass er gegenüber der Bedeutung der ökonomischen Verhältnisse blind war.

Exkurs: Heidegger und Marx

Heinz Dieter Kittsteiner hat in seinem Werk *Mit Marx für Heidegger Mit Heidegger für Marx* auf Parallelen zwischen den beiden Denkern hingewiesen. Beide betonen zunächst die Selbstermächtigung des Menschen, um dann einzusehen, dass er seines Seins in der Geschichte nicht mächtig ist. ... *Beide gehen von einem in die Welt geworfenen 'Dasein' aus, dem die geschichtsphilosophischen Einhüllungen weggebrochen sind. Beiden haftet ein aktivistischer Zug an: Marx drängt zur Revolution, Heidegger zur 'Entschlossenheit'... Was bei Marx das Geld tut, leistet bei Heidegger das 'Man'.* An Marx lobt Heidegger im *Humanismusbrief*, dass er von Hegel her die Entfremdung = Heimatlosigkeit des Menschen erkannt habe. Allerdings kritisiert Heidegger Marx' berühmte 11. These über Feuerbach: *Die Philosophen haben die Welt nur verschieden interpretiert, es kömmt drauf an, sie zu verändern.* Listig wendet Heidegger ein, dass jedem Weltveränderungsplan eine Interpretation vorausgeht.

> Die Produktion der Ideen, Vorstellungen, des Bewusstseins ist zunächst unmittelbar verflochten in die materielle Tätigkeit. ... Nicht das Bewusstsein bestimmt das Leben, sondern das Leben bestimmt das Bewusstsein.

Wie enstehen Objekte und Gedanken?

Wir befinden uns immer schon in einem sorgenden Umgang mit unserer Umwelt, sind immer schon in die Welt eingelassen, hantieren mit Gegenständen usw. Heidegger meint, dass es nicht so ist, dass da ein Subjekt der Erkenntnis dort den Gegenständen der Erkenntnis gegenübersteht, sondern die Gegenstände der Erkenntnis, die Objekte, auch die Gedanken in einem Prozess der besorgten Auseinandersetzung mit der Umwelt entstehen. Das erinnert an Marx, nur dass dieser dazu *Praxis* sagte und Heidegger den Begriff der *Sorge* benutzt.

K. Marx in „Die Deutsche Ideologie", geschrieben 1845-1846.

> Da hören unsere Gemeinsamkeiten aber auch schon auf.

Erste Schritte einer eigenen Philosophie

Die ersten Schritte seiner Philosophie expliziert der Privatdozent Heidegger im Spätherbst 1922 in der von Paul Natorp veranlassten, für die Marburger und die Göttinger Fakultät verfassten Schrift *Phänomenologische Interpretationen zu Aristoteles.* Sie war die Grundlage für die Berufung an die Marburger Universität im Sommer 1923. Hier die wichtigsten Thesen dieser Schrift: *Die Problematik der Philosophie betrifft das Sein des faktischen Lebens im jeweiligen Wie des Angesprochen- und Ausgelegtseins. ... Philosophie ist in dieser Hinsicht prinzipielle Ontologie.* Das Leben hat Leidcharakter ... *Der Grundsinn der faktischen Lebensbewegtheit ist das Sorgen (cura-re). Die Welt artikuliert sich nach den möglichen Sorgensrichtungen als Umwelt, Mitwelt und Selbstwelt. Entsprechend ist das Sorgen die Sorge des Auskommens, des Berufes, des Genusses, des Ungestörtseins, des Nichtumkommens, des Vertrautsein mit, des Wissens um, Kenntnishaben von, des Festmachens des Lebens in seinen Endabsichten... Das faktische Leben bewegt sich jederzeit in einer bestimmten überkommenen, umgearbeiteten oder neuerarbeiteten Ausgelegtheit. ...* = Hermeneutik der Faktizität. *Es gibt einen Hang, eine Tendenz des Lebens zum <u>Abfallen</u> von sich selbst und darin zum <u>Verfallen</u> an die Welt und hierin zum <u>Zerfall</u> seiner selbst.*

Das Verstehen des Tisches

Fehlinterpretationen der Welt

In der im Sommer 1923 gehaltenen Vorlesung *Hermeneutik der Faktizität* verdeutlicht Heidegger seinen Ansatz anhand des Beispiels einer *Fehldeskription* eines Tisches. Die neuzeitliche Erkenntnistheorie begehe den Fehler, das Sein des Tisches als materielles Raum-ding zu bestimmen. *Als was begegnet er? Ein Ding im Raum; als Raumding ist er ein materielles. Es ist so und so schwer, so und so gefärbt, so geformt, mit rechteckiger oder runder Platte; so hoch, so breit, mit glatter oder rauer Fläche.* Das war der Ansatz der neuzeitlichen Erkenntnistheorie seit Descartes gewesen. Descartes hatte von der res extensia (Ausdehnung als Grundmerkmal der Materie im Gegensatz zum unausgedehnten Geist) und John Locke von primären und sekundären Dingqualitäten gesprochen (primär: Ausdehnung, Schwere, sekundär: Farben, Gerüche ...). Heidegger empfindet auch die phänomenologische Herangehensweise nach Husserl defizitär. Demnach zeigen sich beim Herumgehen um den Tisch immer wieder neue Aspekte: *Die Aspekte selbst wechseln wieder nach Beleuchtung, Entfernung und dergleichen Momente mit dem Standort des Wahrnehmenden.*

René Descartes (1596–1650)

John Locke (1632–1704)

Allein die Erfahrung stattet den Geist mit Ideen aus!

Cogito ergo sum. Alles andere könnte auch ein Traum sein.

Deskription der alltäglichen Welt aus dem verweilenden Umgang

Nun gibt Heidegger seine eigene Phänomenologie des Tisches. Der Tisch sei erst verstanden (Stichwort: Hermeneutik), wenn man ihn in größere Verweisungszusammenhänge einordnet. *Sein Dastehen im Zimmer besagt: in dem so und so charakterisierten Gebrauch diese Rolle spielen; das und das an ihm ist 'unpraktisch', ungeeignet; das ist schadhaft, er steht jetzt besser als früher im Zimmer ... Da und da zeigt er Striche – an dem Tisch machen sich die Buben zu schaffen ... das sind die Buben gewesen und das sind sie noch. Diese Seite ist nicht die nach Osten, und diese schmale um so viel cm kürzer als die andere, sondern die, an die sich abends die Frau setzt, wenn sie noch lesen will: an dem Tisch da führten wir damals die und die Diskussion; hier fiel damals jene Entscheidung mit einem Freund, da wurde damals jene Arbeit geschrieben, jenes Fest gefeiert.* Kaum ein anderer Philosoph hat sich mehr mit der Bedeutung der Dinge beschäftigt als Heidegger. Für ihn erzählen die Dinge eine Geschichte. Eine Stelle aus den *Aufzeichnungen des Malte Laurids Brigge* von Rainer Maria Rilke hebt Heidegger besonders hervor.

Die Dinge erzählen Geschichten

Für Heidegger und für Rilke stehen die Dinge in komplexen Zusammenhängen. Malte Laurids Brigge – *Ich lerne sehen – ja, ich fange an!* – gelangt in Paris zu einer speziellen Art des Beobachtens, das sich in die Gegenstände verliert. Am Beispiel eines Abrissgebäudes in Paris zeigt Rilke, wie man Dinge neu sehen kann: *Man sah in die verschiedenen Stockwerken Zimmerwände, an denen noch die Tapeten klebten ... Am unvergesslichsten aber waren die Wände selbst. Das zähe Leben dieser Zimmer hatte sich nicht zertreten lassen.* Das Leben der Menschen, die Zimmer und die Dinge gehen Rilke zufolge eine Einheit ein. *Und aus diesen blau, grün und gelb gewesenen Wänden, die eingerahmt waren von den Bruchbahnen der zerstörten Zwischenmauern, stand die Luft dieser Leben heraus ... Da standen die Mittage und die Krankheiten und das Ausgeatmete und der jahrealte Rauch und der Schweiß ...*

In mir stecken Geschichte und Geschichten.

Exkurs: Rainer Maria Rilke (1875-1926)

Nach der Scheidung seiner Eltern im Jahre 1884 wurde René Karl Wilhelm Johann Josef Maria Rilke in Prag von der Mutter Sophie Entz wie ein Mädchen – mit langen Haaren und in einem Kleid – erzogen. Es muss für ihn wie ein Schock gewesen sein, als er 1916 zum Militär eingezogen wird. Wegen gesundheitlicher Probleme entlassen, nimmt Rilke nach dem Abitur im Jahre 1895 sein Studium der Kunstgeschichte, Literatur und Philosophie an der Prager Universität auf. 1896 wechselt er nach München, um dort Jura zu studieren. Auf Drängen seiner Geliebten Lou Andreas-Salomé ändert er seinen Vornamen von René in Rainer, weil sie Rainer für männlicher hielt. 1901 heiratete Rilke die Bildhauerin Clara Wethoff. In Paris arbeitete er als Privatsekretär bei dem Bildhauer Auguste Rodin, der für ihn zu einer Vaterfigur wird. Ab 1921 lebte Rilke zurückgezogen im Schlösschen Muzot im schweizerischen Kanton Wallis. 1925 diagnostiziert man Leukämie. Rilke stirbt am 29. Dezember 1926 im Sanatorium in der Schweiz.

Hermeneutik als Grundlage der Daseinssorge

Exkurs: Hermeneutik der Faktizität

Sorgen ist Sein-in-einer-Welt und darf nicht als ein Akt im Bewusstsein gedeutet werden, heißt es in Heideggers Vorlesung *Hermeneutik der Faktizität.* Er rekurriert auf die Lebenswelt und will den Menschen aus der Faktizität des In-der-Welt-seins begreifen. Hermeneutik (von griech. *hermeneuein, auslegen, interpretieren*) ist die Lehre vom Verstehen und vom wissenschaftlichen Erfassen geisteswissenschaftlicher Gegenstände. Sie entstand als Methodenregel für Bibelinterpretationen, aber dann wurde die Hermeneutik von Friedrich Daniel Ernst Schleiermacher (1768-1834) zu einer allgemeinen Lehre des Verstehens sprachlicher Ausdrücke überhaupt. Im späten 19. Jahrhundert wurde der Begriff *Verstehen* den Geisteswissenschaften (Geschichts-, Kulturwissenschaften, Literatur) und der Begriff *Erklären* den kausal vorgehenden Naturwissenschaften gegenübergestellt. Wilhelm Dilthey (1833-1911) versuchte in seiner *im Zeichen des Erlebnisbegriffs stehenden Hermeneutik,* die Phänomene der gesellschaftlich-geschichtlichen Welt in einem einfühlsamen und erlebenden Mitvollzug von innen heraus zu verstehen. *Die Natur erklären wir, das Seelenleben verstehen wir.* (Dilthey) Bei Martin Heidegger und Hans-Georg Gadamer erhält die Hermeneutik die umgreifendere Bedeutung, dass nicht nur unser Wissen über Texte und Individuen, sondern *alles* Wissen auf einem vormaligen Verstehen beruht. Philosophie ist die Lehre von der Selbstauslegung des Menschen in einer bestimmten historischen Situation.

Die Hermeneutik hat die Aufgabe, das je eigene Dasein in seinem Seinscharakter diesem Dasein selbst zugänglich zu machen, mitzuteilen, der Selbstentfremdung, mit der das Dasein geschlagen ist, nachzugehen.

D.h., Verstehen ist dem Dasein etwas Konstitutives?

Ich sehe: Sie haben verstanden!

Hans-Georg Gadamer (1900-2002)

Heidegger versuchte eine "Hermeneutik der Faktizität" zu entwickeln, worunter die Selbstauslegung des Menschen als Da-sein, In-der-Welt-sein, Sorge zu verstehen ist.

> Früher oder später werdet Ihr Euch meiner schon bewußt werden.

Das *Man* und der Tod

In der genannten Schrift über Aristoteles begründet Heidegger auch seine berühmte Rede vom *Man! An der Verfallsgeneigtheit liegt es, dass das faktische Leben, das eigentlich je solches des Einzelnen ist, meist nicht als dieses gelebt wird. Es bewegt sich vielmehr in einer bestimmten Durchschnittlichkeit des Sorgens, des Umgangs, der Umsicht, des An- und Besprechens und überhaupt des Wahrnehmens. Diese Durchschnittlichkeit ist die der jeweiligen Öffentlichkeit der Umgebung, der herrschenden Strömung, des 'So wie die vielen Andern auch'. Das 'man' ist es, das faktisch das einzelne Leben lebt - man besorgt, man sieht, urteilt, man genießt, man betreibt und fragt. ... Die Verfallstendenz ist das SichselbstausdemWeggehen des Lebens.* Es ist auch das Wegsehen vom Tode. Dazu schreibt Heidegger: *Das Wegsehen vom Tode ist aber doch so wenig ein Ergreifen des Lebens an ihm selbst, dass es gerade ein Ausweichen des Lebens vor sich selbst und seinem eigentlichen Seinscharakter wird.*

> Wenn Ihr aber das Leben „ergreifen" möchtet, stellt Ihr Euch der Endlichkeit schon heute.

Abgrenzung zur Lebensphilosophie

Die Rede von Dasein, Umwelt, Mitwelt, Sorge, Tod könnte dazu verleiten, Heidegger in die Lebensphilosophie einzureihen. Doch damit wäre Heidegger missverstanden. Die Lebensphilosophie hatte sich in der Nachfolge von Nietzsches *Wille zur Macht* zu Beginn des 20. Jahrhunderts mit ihren wichtigsten Vertretern Henry Bergson und Wilhelm Dilthey gegen den seelenlosen Materialismus und Rationalismus der Zeit herausgebildet.
Für Lebensphilosophen steht der Wille zu leben und die kreative Energie im Vordergrund. Jugendbewegung, Aufbruchstimmung, Expressionismus stehen im Zeichen der Lebensphilosophie. Heidegger war von Bergsons *élan vitale* (lebendige Begeisterung) nicht unbeeindruckt, doch seine Philosophie schlägt eine andere Richtung ein. Ihm war die Lebensphilosophie zu sehr am Subjekt – dem wertenden Menschen und seinen Erlebnissen – orientiert. Demgegenüber ging es Heidegger um die Einbettung des Menschen in die übergreifende Dimension des Daseins bzw. des Seins.

Aufschwung zum Übermut

Endlich Professor in Marburg

Heideggers Ruhm gründete sich um das Jahr 1920 weitgehend auf seine Lehrtätigkeit. Veröffentlicht hatte er noch so gut wie nichts. Trotzdem konnte er sich Hoffnung machen, vor allem weil Husserl ihn über den grünen Klee lobte. In Marburg lasen Paul Natorp und Nicolai Hartmann Heideggers oben angesprochene Ausarbeitung zu Aristoteles. Beide waren von der *Originalität, Tiefe* und *Strenge* seines Konvoluts begeistert. Auch in Göttingen zeigte man Interesse an Heidegger. Am 18. Juli erhält er jedoch eine Berufung auf ein Extraordinariat in Marburg, was er sofort stolz an Jaspers berichtet. Nun – so schreibt er im Brief an Jaspers – sei der Augenblick der Bewährung der Kampfgemeinschaft gekommen: *Viel Götzendienerei muss ausgerottet werden – d.h. die verschiedenen Medizinmänner der heutigen Philosophie müssen ihr furchtbares und jämmerliches Handwerk aufgedeckt bekommen – bei Lebzeiten, damit sie nicht meinen, mit ihnen sei das Reich Gottes erschienen.*

Ausmisten wie im Augiasstall! Das müsste man mal in Marburg.

Philosophenstall Marburg

Distanz zu Husserl

In dem Brief an Jaspers distanziert sich Heidegger deutlich von seinem Lehrer und Förderer Husserl: *Sie wissen wohl, dass Husserl einen Ruf nach Berlin hat; er benimmt sich schlimmer als ein Privatdozent, der das Ordinariat mit einer ewigen Seligkeit verwechselt ... Husserl ist gänzlich aus dem Leim gegangen – wenn er überhaupt je 'drin' war – was mir in der letzten Zeit immer fraglicher geworden ist – er pendelt hin und her und sagt Trivialitäten, dass es einen erbarmen möchte. Er lebt von der Mission des 'Begründers der Phänomenologie', kein Mensch weiß, was das ist – wer ein Semester hier ist, weiß, was los ist – er beginnt zu ahnen, dass die Leute nicht mehr mitgehen ... das will heute in Berlin die Welt erlösen.* In Wahrheit hatte Husserl den ihm angebotenen Lehrstuhl in Berlin gar nicht angenommen. Hatte Heidegger seine eigenen Ambitionen auf Husserl nur projiziert, wie Rüdiger Safranski vermutet? Kennzeichnete ihn *nicht gerade die Erlöserattitüde, die er Husserl unterstellt?* (Safranski)

Existenzieller Anzug

Im Wintersemester 1923/24 trat Heidegger sein Ordinariat im hessischen Marburg an. Dort hatte sein Auftreten wenig Professorales. Man sah ihn in einem Skianzug durch die winkligen Gassen der mittelalterlichen Stadt schreiten oder in einer, von dem Maler Otto Ubbelohde entworfenen Bauerntracht, dem von seinen Studenten so benannten *existenziellen Anzug,* in seine Vorlesungen und Seminare kommen. In den Ferien zog er sich auf eine im Sommer 1922 von seiner Frau gekauften Todtnauberger Skihütte im Schwarzwald zurück, wo er in der Waldeseinsamkeit zum *eigentlichen* Philosophieren fand. Das Leben in Marburg lehnte er als *spießig* ab. In seiner Hütte am Steilhang eines weiten Hochtals im Südschwarzwald musste er keine gesellschaftliche Rolle spielen. ... *hier ist die Heimat reiner Freude.* Und an anderer Stelle: *Schnee – wie ganz anders hier oben als in der Stadt, wo er nur eine unbequeme Abart des Schmutzes bildet und das Wüste und Irre der Naturlosigkeit steigert.*

> Warum ist überhaupt etwas und nicht vielmehr nichts?

Auf der Hütte sind weite Teile von „Sein und Zeit" entstanden.

Exkurs: Die Todtnauberghütte

Als Heidegger Jahre später in einem berühmten Text *Schöpferische Landschaft: Warum bleiben wir in der Provinz* begründet, warum er einen Ruf nach Berlin ablehnt, schreibt er über sein Refugium im Schwarzwald: *Am Steilhang eines weiten Hochtales des südlichen Schwarzwaldes steht in der Höhe von 1150 Metern eine kleine Skihütte. Im Grundriss misst sie 6 zu 7 Meter. Das niedere Dach überdeckt 3 Räume: die Wohnküche, den Schlafraum und eine Studierzelle. In der engen Talsohle verstreut und am gleich steilen Gegenhang liegen breit hingelagert die Bauernhöfe mit dem großen überhängenden Dach. Den Hang hinauf ziehen die Matten und Weidflächen bis zum Wald mit seinen alten, hochragenden, dunklen Tannen. Über allem steht ein klarer Sonnenhimmel, in dessen strahlenden Raum sich zwei Habichte in weiten Kreisen hinaufschrauben.* Vielleicht erfährt man in solchen poetischen Beschreibungen mehr über Heideggers Seinsphilosophie als in seinen philosophischen Texten. Es scheint ihm um die Wiederentdeckung der Seinsfreude gegangen zu sein.

Philosophie von weit oben!

Während einer kalten Winternacht in der Todtnauberghütte spürt Heidegger den rechten Moment für sein Philosophieren: *Wenn in tiefer Winternacht ein wilder Schneesturm mit seinen Stößen um die Hütte rast und alles verhängt und verhüllt, dann ist die hohe Zeit der Philosophie ... In den großen Städten kann der Mensch zwar mit Leichtigkeit so allein sein, wie kaum irgendwo sonst. Aber er kann dort nie einsam sein. Denn die Einsamkeit hat die ureigene Macht, dass sie uns nicht vereinzelt, sondern das ganze Dasein wirft in die weite Nähe des Wesens aller Dinge.* Heidegger liebte die frische Waldesluft, die Tannen und das Rauschen der Bergbäche. In Marburg hingegen fand er keinen rechten Anschluss. Die Leute dort erschienen ihm zu uninteressant. Bei den Studenten kam er jedoch gut an, 150 besuchten seine Vorlesungen. An Jaspers schreibt er: *So zufrieden ich mit meiner Arbeit hier bin, so wenig fühle ich mich zu Hause.* Der einzige Mensch, mit dem er sich näher verstand, war der evangelische Theologieprofessor Rudolf Bultmann. Über ihn heißt es an Jaspers: *Gar nicht muffig.*

Exkurs: Rudolf Bultmann (1884-1976)

Der zwei Jahre vor Heidegger nach Marburg gekommene Rudolf Bultmann war ein Erneuerer der evangelischen Theologie. Beeinflusst von Heideggers *Hermeneutik der Faktizität* und Daseinsanalyse, forderte er eine Entmythologisierung des Neuen Testaments. Wie Heidegger begreift Bultmann den Menschen über dessen *Sein* zum Tode. Die Angst macht erst empfänglich für den Glauben. *Indem die Existenzphilosophie die Frage nach meiner eigenen Existenz nicht beantwortet, legt sie meine eigene Existenz in meine persönliche Verantwortung, und indem sie das tut, macht sie mich offen für das Wort der Bibel.* (Bultmann) Die „Auferstehung" versteht Bultmann vorrangig als Prozess der Verwandlung eines Menschen im Hier und Jetzt. Werke: *Glauben und Verstehen* (1933), *Das Evangelium des Johannes* (1941), *Das Urchristentum im Rahmen der antiken Religionen* (1949), *Theologie des Neuen Testaments* (1953), *Das Verhältnis der urchristlichen Christusbotschaft zum historischen Jesus* (1961).

Hannah, Du bist meine Muse von „Sein und Zeit"!

Das Mädchen im grünen Kleid

An der Universität lernte Heidegger die Jüdin Hannah Arendt kennen, mit der sich für kurze Zeit eine Liebesgeschichte entspann. Die bildschöne, junge Frau kam 1924 nach Marburg und besuchte Heideggers Vorlesung über Platon. Für Hans-Georg Gadamer, der damals in Marburg studierte, *war sie das stets im grünen Kleid erscheinende, auffallende Mädchen.* Arendt und Heidegger verlieben sich ineinander. Am 27. Februar 1925 schreibt Heidegger an sie: *Liebe Hannah! Das Dämonische hat mich getroffen. Nie noch ist mir so etwas geschehen* und von Todtnauberg erreichten sie vom 21. März 1925 die folgenden Zeilen: *... Ruhepause beim Bild des jungen Mädchens, das im Regenmantel, den Hut tief über den stillen, großen Augen, zum ersten Mal in mein Studierzimmer trat, das verhalten und scheu auf alle Fragen eine kurze Antwort gab ...* Die gemeinsamen Treffen wurden von dem verheirateten Professor stets minutiös geplant. Der Heimlichkeiten müde geworden, wechselte Hannah Arendt zu Beginn des Jahres 1926 nach Heidelberg. Später gesteht Heidegger, dass er ohne sie sein Werk *Sein und Zeit* nicht hätte schreiben können.

Mein Beitrag zu „Sein und Zeit" ist viel größer, als Du Dir jemals eingestehen könntest.

Exkurs: Hannah Arendt (1906-1975)

Nach der Zeit in Marburg wurde Arendt im Jahre 1928 von Karl Jaspers in Heidelberg mit einer Dissertation über den *Liebesbegriff bei Augustin* promoviert. 1929 ging sie nach Berlin, wo sie den Publizisten Günther Stern heiratete. (Unter dem Pseudonym Günther Anders verfasste er das kulturkritische Werk *Die Antiquiertheit des Menschen.*) Die Ehe wurde 1937 geschieden. 1933 emigrierte Arendt nach Frankreich, wo sie in Paris bis 1940 als Sozialarbeiterin bei verschiedenen jüdischen Organisationen tätig war. In das Jahr 1940 fällt die Heirat mit dem Schriftsteller Heinrich Blücher, mit dem sie in die USA auswanderte. In New York nahm sie die Position der Cheflektorin im *Schocken-Verlag* ein und hielt Vorlesungen an Universitäten. Ab 1963 war die Trägerin des Lessing-Preises der Stadt Hamburg zunächst Professorin an der University of Chicago und danach an der New School for Social Research (New York). Arendt starb am 4. Dezember 1975 in ihrer New Yorker Wohnung an den Folgen eines zweiten Herzinfarkts. Mit dem 1951 veröffentlichten Werk *The origins of Totalitarism* (deutsch: *Elemente und Ursprünge totaler Herrschaft*) begründete sie die Totalitarismustheorie.

Exkurs: Hans-Georg Gadamer (1900-2002)

Gadamer war der Sohn eines Professors der pharmazeutischen Chemie, der nach einem Studium der Germanistik, Kunstgeschichte, Geschichte und Philosophie in Breslau im Jahre 1919 nach Marburg ging. Promoviert über Platons Dialoge ging er nach Freiburg zu Martin Heidegger – *Alles andere war langweilig. Punkt* (Gadamer) –, mit dem er auch wieder nach Marburg zurückkehrte um dort seine Habilitationsschrift *Platos dialektische Ethik* (1931) zu verfassen. 1937 wurde Gadamer Professor für Philosophie in Leipzig und nach dem Krieg Direktor der Leipziger Universität. Nach Konflikten mit der sowjetischen Militärbehörde wechselte er nach Frankfurt am Main und wurde später Nachfolger auf dem Lehrstuhl von Karl Jaspers in Heidelberg. Sein Hauptwerk *Wahrheit und Methode* (1960) zählt zu den wichtigsten philosophischen Büchern des 20. Jahrhunderts. In ihm vergleicht er das Verstehen eines Textes mit einem Gespräch. In einem guten Gespräch gehe es um Verständigung oder um, wie Gadamer sagt, eine *Horizontverschmelzung* der Gesprächspartner. ... *Verstehen* (ist) *immer der Vorgang der Verschmelzung solcher vermeintlich für sich seiender Horizonte.* Ähnlich müsse man sich auf einen geisteswissenschaftlichen Text einschwingen.

PLATOS DIALEKTISCHE ETHIK

Auf dem Weg zu *Sein und Zeit*

1924 war Natorp, der Heidegger nach Marburg geholt hatte, gestorben und Nicolai Hartmann, der den Natorp Lehrstuhl vertrat, 1925 nach Köln gegangen. Nun konnte sich Heidegger Hoffnungen auf den Natorp-Lehrstuhl machen. Einen entsprechenden Vorschlag der philosophischen Fakultät lehnte das Ministerium jedoch im Jahr 1926 ab. Heidegger habe seit 10 Jahren nichts mehr veröffentlicht und somit unter Fachkollegen keine genügende Reputation. Doch die Fakultät ließ nicht locker. Heidegger wurde aufgefordert schnell etwas vorzulegen. Schon bald erhielt der Minister Druckfahnen von *Sein und Zeit*, wieder ohne Erfolg. Erst als das Werk im Jahr 1927 als Sonderdruck des *Jahrbuchs für Philosophie und Phänomenologische Forschung, Band VIII* erschienen war, lenkte das Ministerium ein, sodass am 19. Oktober 1927 Heidegger ordentlicher Professor auf dem ersten philosophischen Lehrstuhl der Marburger Universität wurde.

Detail der alten Universität Marburg

Sein und Zeit (1927)

Sein und Zeit beginnt mit einem Zitat aus Platons *Sophistes*: *Denn offenbar seid ihr doch schon lange mit dem vertraut, was ihr eigentlich meint, wenn ihr den Ausdruck 'seiend' gebraucht, wir jedoch glaubten es einst zu verstehen, jetzt aber sind wir in Verlegenheit gekommen.* Welche Antwort auf die Seins-Frage gibt Heidegger?

Frei nach Böcklins „Selbstbildnis mit fiedelndem Tod"

Diese Frage zu beantworten fällt schwer. Viele Interpreten verfallen in den Heidegger-Ton und man ist hinterher so schlau wie vorher. Davon unterscheidet sich Willem van Reijen, wenn er luzide ausführt: *Für Heidegger ist es die Zeit, die das Sein und damit den Sinn von Sein konstituiert. Wesentlich für das Verständnis von Sein ist die Einsicht, dass das Sein untrennbar mit dem Nichts verknüpft, ja davon durchzogen ist. Unser Dasein ist wesentlich durch die Möglichkeit und die Realität des Nicht-seins bestimmt. Der Tod ist die jede Sekunde präsente Möglichkeit des Nicht-seins. Realität ist das Nicht-sein selbstverständlich in dem Sinn, dass wir wissen, dass es uns lange Zeit vor unserer Geburt nicht gegeben hat und dass es eine lange Zeit geben wird, in der wir nicht mehr da sein werden.*

Das *Sein zum Tode*

Das *Sein zum Tode* öffnet uns für die Präsenz des Seins

Heidegger versuchte die *traditionelle Ontologie, die den Menschen nach der Seinsart der Dinge bestimmte, zu überwinden, indem er aufzeigte, dass der Mensch ein Seiendes ganz eigener Art sei, nämlich Dasein, dem es in seinem Sein um dieses selbst geht ...* (Walter Schulz). Im Gegensatz zu Platons ewigen Ideen, entspringen Denken, die Sprache, die Logik, die Wissenschaft aus der Seinserfahrung und sind wie das Dasein selbst vergänglich bzw. historisch variabel.

> Die Dinge sind „an sich". D.h., sie entspringen den ewigen Ideen.

> Widerspruch: So etwas wie ewige Ideen gibt es nicht. Die Dinge sind wie das Dasein vergänglich.

> Und hier komme ich ins Spiel.

> Die Dinge entspringen unserer Seinserfahrung.

Die Seinserfahrung wiederum wurzelt in der Erfahrung des Todes. Heideggers von Sören Kierkegaard beeinflusste Bestimmung des Menschen als *Sein zum Tode*, ist ein Kernmotiv seiner Philosophie. Noch einmal Willem van Reijen: *Der Sinn von Sein besteht ... darin, dass wir das 'Andere' zum Sein, das Nichts, ständig präsent halten – wir sind nur dann eigentlich, wenn wir Sein-zum Tode sind. Das ist aber nicht als Lähmung oder Erstarrung zu verstehen oder zu praktizieren, sondern als äußerste Bewegtheit, nicht im emotionalen Sinn (gute Stimmung), sondern als Gestimmt-sein, als fortwährende Selbstreflexion, die uns für die Präsenz der Möglichkeit und Unmöglichkeit des Seins öffnet.*

Über das Dasein zum Sein

Heideggers Analyse in *Sein und Zeit* zielt nicht direkt auf das Sein – das war ja der Fehler der alten Griechen gewesen –, sondern versucht sich dem Sein über eine Analyse des Daseins zu nähern. Ausarbeiten der Seinsfrage besagt *... Durchsichtigmachen eines Seienden – des fragenden – in seinem Sein. Dieses Seiende, das wir selbst je sind und das unter anderem die Seinsmöglichkeit des Fragens hat, fassen wir terminologisch als Dasein.* Der Schlüssel zum Sein liegt für Heidegger also in der menschlichen Existenz. Dieses *Dasein ist Seiendes, das sich in seinem Sein verstehend zu diesem Sein verhält.* Heideggers Existenzialanalytik untersucht nun die Seinscharaktere des Daseins als fundamentale *Existenzialien*. Diese seien *Befindlichkeit* und *Verstehen*. Das Dasein insgesamt wird wie oben schon ausgeführt als *Sorge* (cura) interpretiert. Heidegger spricht vom *In-der-Welt-sein* des Daseins. Subjekt-Objekt, Außen- und Innenwelt seien nachrangige Phänomene im Vergleich zum *In-der-Welt-sein* (der späte Husserl sprach in erkenntnistheoretischem Zusammenhang von der Lebenswelt) oder zum *Sein* überhaupt.

Das Dasein kann sich wählen

Wir können die Vielfalt des Werkes *Sein und Zeit* hier nicht auch nur annähernd ausschöpfen, deshalb beschränken wir uns auf einige Aspekte des berühmten Paragraphen 27 *Das alltägliche Selbstsein und das Man*, in welchem Heidegger seine Kulturkritik entfaltet. Zunächst sei festgehalten: Niemand hat sein Dasein gewählt, wir wurden in die Welt „geworfen", wie Heidegger sagt. Allerdings können wir wählen, welches Dasein wir zu führen gedenken. Heidegger unterscheidet zwei grundsätzliche Daseinsmodi: *Und weil Dasein wesenhaft je seine Möglichkeit ist, kann dieses Seiende in seinem Sein sich selbst 'wählen', gewinnen, es kann sich verlieren, bzw. nie und nur 'scheinbar' gewinnen.* Mit anderen Worten, Heidegger unterscheidet zwischen den Seinsmodi der *Eigentlichkeit* und der *Uneigentlichkeit* des Daseins. Uneigentlich wird das Dasein, wenn es in der durchschnittlichen Alltäglichkeit, dem von Heidegger so bezeichneten *Man*, voll und ganz aufgeht.

Eine Phänomenologie des *Man*

§ 27 aus *Sein und Zeit*

Hier eine knappe Zusammenfassung von Heideggers Phänomenologie des *Man* bzw. Alltagslebens. Den ersten Punkt nennt
Heidegger die *Abständigkeit*. Jeder ist bemüht, sich von den
anderen positiv hervorzuheben. *Im Besorgen dessen, was
man mit, für und gegen die Anderen ergriffen hat, ruht ständig die Sorge um einen Unterschied gegen die Anderen
...* (offenkundig nimmt hier Heidegger *Die feinen Unter-
schiede* des franz. Soziologen Pierre Bourdieu vor-
weg) ... *das Dasein steht als alltägliches Miteinan-
dersein in der Botmäßigkeit der Anderen. Nicht es
selbst* <u>*ist*</u>*, die Anderen haben ihm das Sein abgenom-
men. ... Das 'Wer' ist das Neutrum,* <u>*das Man*</u>*. ... In dieser
Unauffälligkeit und Nichtfeststellbarkeit entfaltet das Man
seine eigentliche Diktatur. Wir genießen und vergnügen
uns, wie man genießt, wir lesen, sehen und urteilen
über Literatur und Kunst, wie man sieht und urteilt; wir
ziehen uns aber auch vom 'großen Haufen' zurück, wie
man sich zurückzieht; wir finden 'empörend', was man
empörend findet.*

> Der Mensch hat sich in die
> Kultur geflüchtet. Es gilt nun,
> sich erneut mit dem nackten
> Dasein zu konfrontieren.

Die Flucht in das *Man* und der Ruf des Gewissens

Der in die Welt geworfene Mensch orientiert sich an den Gegebenheiten seiner Zeit und Gesellschaft. Das ist auch ganz normal und gut so. Allerdings droht er darüber die *Jemeinigkeit*
seines Daseins, das heißt seine je eigene Verantwortlichkeit über sein Leben zu vergessen.
Doch es gibt eine Instanz, die ihm bei aller Entfremdung (an das *Man*), an seine ureigene
Existenz erinnert: das ist für Heidegger der *Ruf des Gewissens*. In den Worten Heideggers:
*Das Dasein flieht vor dieser (der Stimmung der Geworfenheit) in die Erleichterung der ver-
meintlichen Freiheit des Man-selbst. ...* Das Gewissen ruft das Selbst des Daseins auf aus
der Verlorenheit in das *Man*. Klar, dass damit nicht das christliche oder moralische Gewissen
gemeint ist. Heideggers Begriff des Gewissens drückt einen grundlegenden Zweifel aus, ob
ein Leben im *Man* schon alles ist oder ob es darüber hinaus für den Menschen noch etwas
Wesentlicheres gibt – nämlich das Sein.

Berufung nach Freiburg als Nachfolger von Husserl

Sein und Zeit begründete schlagartig Heideggers Ruhm. In Fachkreisen wurde die epochale Bedeutung des Buches sofort erkannt und gelobt. Nun wollte er nach der Emeritierung Husserls dessen Nachfolger in Freiburg werden. 1928 ist es soweit. Heidegger wird auf den Husserl-Lehrstuhl nach Freiburg berufen, Husserl selbst hatte sich für ihn eingesetzt. Für Heidegger kam dies einem Geldregen gleich. An Jaspers schreibt er: *Meine Verhandlungen waren relativ kurz ... 2. Grundgehalt nach der 4. Stufe der Besoldungsgruppe A 1 mit 11 600 Mark. Wohnungsgeldzuschlag 1728. Kinderzuschlag. 3. Unterrichtsgeldgarantie 3000 Mark. 4. Vergütung der Umzugskosten. 5. Anrechnung der Zeit seit der Habilitation auf das Dienstalter (betr. Emeritierung). 6. Wohnungsbauzuschuss – wird wohlwollend geprüft.* Anfang Oktober 1928 zieht die Familie Heidegger in ein Haus in Freiburg-Zähringen, Rötebuck 4.

Am Eingang der Albert-Ludwigs-Universität Freiburg werden die Studierenden durch Skulpturen von Homer und Aristoteles empfangen.

Antrittsvorlesung

Am 24. Juli 1929 hält Heidegger seine Antrittsvorlesung in Freiburg. Thema: *Was ist Metaphysik?* Der Vortrag kann als Bindeglied zwischen Heideggers Früh- und Spätwerk, *Sein und Zeit* und *Kehre* begriffen werden. Mehr dazu auf S. 40.

Ring frei!

Sie machen es sich zu bequem in der Kultur.

Sie dagegen verkennen die Möglichkeiten der Selbstbefreiung in der Kultur.

Duell in Davos

Im Frühjahr 1929 kam es unter dem Blick der internationalen Presse anlässlich der Davoser Hochschulwoche zu einem berühmten Streitgespräch zwischen Heidegger und dem Neukantianer Ernst Cassirer. Wie der Boxer Mohammad Ali in seinem legendären Kampf gegen George Foreman provozierte Heidegger während der Woche vor dem Duell durch sein Auftreten. So gefiel es ihm, im Skianzug in die akademische Abendgesellschaft zu platzen. *In schöner Müdigkeit, voll Sonne und Freiheit der Berge, noch den ganzen klingenden Schwung der weiten Abfahrten im Körper kamen wir dann abends in unserer Skiausrüstung mitten hinein in die Eleganz der Toiletten. Diese unmittelbare Einheit von sachlich forschender Arbeit und völlig gelockertem und freudigen Skilauf war für die meisten der Dozenten und Hörer etwas Unerhörtes.* (Heidegger) Gegen den eher biederen Ernst Cassirer, der im Stile des Neukantianismus die Objektivität der wissenschaftlichen Kultur pries, vertrat Heidegger seine Position der Relativität und Zeitlichkeit allen Daseins und Denkens. Man dürfe es sich in der Kultur und den symbolischen Formen nicht zu bequem machen!

Exkurs: Ernst Cassirer (1874-1945)

Der humanistisch gesinnte, jüdische Philosoph Ernst Cassirer war ein Neukantianer, der nach einem Germanistik-, Philosophie- und Mathematikstudium von H. Cohen und P. Natorp promoviert wurde. Ab 1906 lebte er als Privatdozent in Berlin, von 1919-1933 war er Professor in Hamburg, bevor er nach England und später in die USA emigrierte. In seiner dreibändigen Arbeit *Philosophie der symbolischen Formen – Sprache, Denken und Erkenntnis* (1923-29) hebt Cassirer – Hegels *aus dem Kelche dieses Geisterreiches strömt ihm die Unendlichkeit* zitierend – die großen kulturellen Leistungen des menschlichen Geistes hervor. Kultur und Sprache bieten dem Individuum einen Weg aus seiner Partikularität in die Welt der Objektivität geistiger Formen. Während Cassirer in der Kultur einen Halt für den Menschen sieht, weist Heidegger auf die Gefahr hin, dass die kulturellen Objektivationen erstarren und zu einer Fessel für die Menschheit werden.

Eine kurze Rekapitulation vor der „Kehre"

Fassen wir Heideggers Philosophie vor seiner „Kehre" kurz zusammen. Im Mittelpunkt der über vierhundert Seiten von *Sein und Zeit* stehen Themen wie Existenz, Angst, Stimmung, Sorge, Sein zum Tod. Der Mensch ist kein Seiendes unter anderem, sondern Existenz bzw. Sein, dem es um dieses Sein selbst geht. Er ist zwar in die Welt *geworfen*, kann sich aber in einem *Entwurf* selbst entwerfen. Er ist *offen* für die Zukunft. Heidegger fordert uns dazu auf, „wesentlicher" oder wie er sagt „eigentlicher" zu werden. Er definiert den Menschen nicht über seine Vernunft, sondern über sein *In-der-Welt-sein*. Leben heißt sorgen. Das Bewusstsein ist kein Behälter für Sinnesdaten, sondern immer schon auf Objekte gerichtet (Intentionalität), wie auch unsere ganze Existenz mit der Welt verklammert ist. Die Dinge sind nicht einfach nur da („vorhanden"), sondern wie Heidegger sagt „zuhanden", das heißt sie bedeuten uns etwas, sind nützlich, dienen einem Zweck. Wesentliches Merkmal des In-der-Welt-seins ist das „Mitsein". Wir definieren uns, selbst wenn wir allein sind, immer über andere Menschen. *Auch wenn das jeweilige faktische Dasein sich an Andere nicht kehrt, ihrer unbedürftig zu sein vermeint, oder aber sie entbehrt, ist es in der Weise des Mitseins.* (*Sein und Zeit*)

Die „Kehre" – *Es kommt alles ins Rutschen.*

Nach den Davoser Diskussionen wird Heidegger immer klarer, dass *Sein und Zeit* nur eine Station auf seinem Denkweg auf der Suche nach dem Sein war. Die existenziale Analyse des Daseins in *Sein und Zeit* war noch zu stark an den Menschen und seine Probleme geknüpft, als dass das Sein als solches in den Blick geraten wäre. Heidegger zieht sich erneut in seine Hütte zurück – *Es ist unglaublich schön in meiner ′Zelle′ mit dem Blick auf Dorf, Wald und Berge* – und bemerkt, dass es ohne eine „Kehre" nicht weitergeht. Von nun an will er noch näher am Sein philosophieren. Heidegger erkennt, der Weg zum Sein führt entscheidend über das „Nichts". Beim Skifahren dient die „Kehre" dazu, um bei rasanter Abfahrt in der Spur zu bleiben. Sie kann manchmal ein gewagtes Manöver bedeuten, man muss aufpassen, dass man nicht ins Rutschen kommt. Um seiner Fragerichtung nach dem Sein neuen Schwung zu geben, musste Heidegger aufpassen, dass er nicht ins Rutschen geriet. In einem Brief an Gadamer aus dem Jahre 1929 heißt es: *Es kam alles ins Rutschen.*

Was ist Metaphysik?

Was ist Metaphysik?

Descartes hatte die Erkenntnis mit einem Baum verglichen. Die Wurzel ist die Metaphysik, der Stamm die Physik und die Zweige alle anderen Wissenschaften. Bohrend stellt Heidegger seine Fragen: *Worin ruht und regt sich das Wesen der Metaphysik? Was ist die Metaphysik von ihrem Grund her? Was ist im Grunde überhaupt Metaphysik?* Heideggers Antwort ist zugleich eine Kritik an der Metaphysik. *Die Metaphysik denkt, insofern sie stets nur das Seiende als das Seiende vorstellt, nicht an das Sein selbst.*

In seiner Antrittsvorlesung *Was ist Metaphysik?* (Juli 1929) erläutert Heidegger, wie das *Sein zum Tode* den Zugang zum Sein eröffnet. Mit der Vergänglichkeit entsteht die Sorge um das eigene Sein. Dadurch ist die Welt auf das Dasein ausgelegt. Alle Phänomene des Daseins sind je schon mit Sinn ausgestattet. Hätten Phänomene keinen Sinn, würden sie uns nichts angehen und somit nicht erscheinen. Der Sinn ist die Voraussetzung von allem Denken. Man könnte meinen, dass es zuerst der Sprache und gewisser logischer Kompetenzen bedarf, um überhaupt die Seinsfrage zu stellen. Doch verkehrte dies die Verhältnisse: *Gibt es das Nichts nur, weil es das Nicht, d. h. die Verneinung gibt? Oder liegt es umgekehrt? Gibt es die Verneinung und das Nicht nur, weil es das Nichts gibt? (...) Wir behaupten: das Nichts ist ursprünglicher als das Nicht und die Verneinung.* Das Nichts ursprünglicher als die logischen Formen zu denken, heißt: die Seinserfahrung steht am Anfang von allem Denken.

Angst und Logik

Mit der Erfahrung der Angst, der Langeweile und des Nichts ist also der Grund dafür gelegt, konkrete Verneinungen, Verweigerungen, Ablehnungen, Wertungen usw. vorzunehmen. Ohne die Sorge wäre der Mensch „sorglos" unter das übrige Seiende eingereiht. Besonders eindringlich formuliert Heidegger diesen Gedanken seiner Philosophie in der folgenden Passage: *Das Nicht entsteht nicht durch die Verneinung, sondern die Verneinung gründet sich auf das Nicht, das dem Nichten des Nichts entspringt.* Aus der Erfahrung des Nichts entspringen nun Gesten der Zurückweisung, *die Härte des Entgegenhandelns, und die Schärfe des Verabscheuens (...) der Schmerz des Versagens und die Schonungslosigkeit des Verbietens.* Das sind aber alles Verhaltensweisen und Gesten, die Kultur begründen. Die Mitglieder des Wiener Kreises jedoch kritisierten Heideggers Sprachgebrauch.

Exkurs: Rudolf Carnap (1891-1970)

Carnap war führendes Mitglied des Wiener Kreis des Logischen Positivismus (Moritz Schlick 1882-1936, Otto Neurath 1882-1945, Herbert Feigl 1902-1988, Kurt Gödel 1906-1978, Friedrich Waismann 1896-1959), dem es um den Aufbau einer naturalistischen Einheitswissenschaft ohne jegliche Metaphysikanteile ging. Heideggers Formulierungen wie *Das Nichts nichtet* galten Carnap als Beispiele für einen sinnlosen Sprachgebrauch. In dem Aufsatz *Scheinprobleme der Philosophie* (1928) bemängelt Carnap an der traditionellen Philosophie insgesamt deren unsaubere Terminologie. Wörter wie *sein* und *nichts* seien nur als Hilfsverb bzw. Adverb sinnvoll zu verwenden. Logisch sinnvoll könne der Ausdruck *nichts* nur verwendet werden, wenn es darum gehe die Existenz eines Dinges bzw. Sachverhaltes zu verneinen, etwa zu entscheiden, ob es regnet oder nicht.

Die Fragwürdigkeit der Existenz in der Angst

German „Angst"

Viel beachtet ist Heideggers phänomenologische Unterscheidung zwischen *Furcht* und *Angst*. Wir fürchten uns vor etwas Besonderem (etwa einem Hund) oder einem ganz bestimmten Ereignis (Examen). Demgegenüber ängstigen wir uns in der Angst vor einem Unbestimmten. *In der Angst – sagen wir – 'ist es einem unheimlich'.* In der Angst überkommt uns ein Grundgefühl der existenziellen Fragwürdigkeit: dass uns alles wegrutschen könnte und dass alles Sein möglicherweise sinnlos sei. In *Sein und Zeit* heißt es: *Das Nichts, davor die Angst bringt, enthüllt die Nichtigkeit, die das Dasein in seinem Grunde bestimmt (...)* Im Grundgefühl der Angst steht uns die Fragwürdigkeit der Existenz hell vor Augen. Wenn das Angstgefühl vorüber ist, entstehe die Frage, wovor wir überhaupt gezittert hätten. Antwort: Eigentlich sei es ja überhaupt *nichts* gewesen. Gerade diese Antwort dient Heidegger als weiterer Beleg für seine These von der Realität des Nichts: *In der Tat: das Nichts selbst – als solches – war da.*

Heidegger unterscheidet:

Welchen Sinn hat mein Leben? Irgendwann werde ich ohnehin sterben ...

Furcht = Wir fürchten uns vor etwas Bestimmten.

Angst = Wir haben Angst vor etwas Unbestimmten.

Ontologische Differenz

Eben so berühmt, wie die Unterscheidung zwischen Furcht und Angst ist Heideggers Begriff der *Ontologischen Differenz*. Die Seinsfrage *Warum ist überhaupt Seiendes und nicht vielmehr Nichts?* ist für Heidegger die philosophische Grundfrage überhaupt. Man darf die Frage nach dem Sein aber nicht mit dem Staunen über die Welt (*thaumazein*) des Aristoteles gleichsetzen. Denn wer die Hamlet-Frage – Sein oder Nichtsein – stellt, ist nach Heidegger gewissermaßen selbst ins Nichts gestellt. Den Unterschied zwischen dem bloßen Sosein des Seienden (ontisch) und dem Sein im Dasein (ontologisch) bezeichnet Heidegger mit dem Begriff der ontologischen Differenz. Ständig werden wir mit Seiendem konfrontiert (Dingen, Gedanken usw.), deren Eigenschaften und Wesen (Was-heit) wir erfragen können. Darüber hinaus bemerken wir (bzw. vergessen zu häufig), dass allem Seienden (Farbe, Gewicht, Qualitäten, Ideen) das Sein (dass es ist) als solches zukommt = Ontologische Differenz.

> In den 1930er Jahren wandte ich mich von der Fundamentalontologie ab und einem Seinsgeschichtlichen Ansatz zu. Das erforderte einen neuen Warheitsbegriff.

Was ist Wahrheit?

Was bedeutet vor dem Hintergrund von Heideggers Seinsphilosophie der Begriff „Wahrheit"? Laut Heidegger besaßen die Vorsokratiker die Einsicht, dass sich die Wahrheit des Seins ebenso verberge wie enthülle. Diesen richtigen Ansatz in der Wahrheitsfrage habe Platon durch seine einseitige Hervorhebung der Idee als absoluter Präsenz desavouiert. Bei der Bestimmung der Wahrheit greift Heidegger auf den alten griechischen Begriff *aletheia (Unverborgenheit)* zurück. Zunächst gelte es festzuhalten, dass Wahrheit eher einem Hören oder Vernehmen gleichkomme, also nicht zuvorderst über die Verstandeskräfte bzw. über die Anschauung (das Sehen) auslegbar sei. Die Wahrheit des Seins sei prozessual; komme zur *Wesung* (ein Neologismus von Heidegger). Doch nie handele es sich bei der Wahrheit um ein sich vollständig „eitles" Zeigen. *Die aletheia ist, wie ihr Name sagt, nicht eitel Offenheit, sondern Unverborgenheit des Sichverbergens.*

Kritik an der *Zeit des Weltbildes*

In dem Aufsatz *Zeit des Weltbildes* aus der Sammlung *Holzwege* erläutert Heidegger seinen an der griechischen Antike geschulten philosophischen Wahrheitsbegriff im Unterschied zum neuzeitlichen wissenschaftlichen. *Das Seiende wird (bei Parmenides) nicht seiend dadurch, dass erst der Mensch es anschaut im Sinne gar des Vorstellens von der Art der subjektiven Perception. Vielmehr ist der Mensch der vom Seienden Angeschaute ... Vom Seienden angeschaut, ... in seinen Gegensätzen umgetrieben und von seinem Zwiespalt gezeichnet sein: das ist das Wesen des Menschen in der großen griechischen Zeit. ... Der griechische Mensch ist der Vernehmer des Seienden, weshalb im Griechentum die Welt nicht zum Bild werden kann. Wohl dagegen ist dies, dass sich für Platon die Seiendheit des Seienden als eidos (Ansehen, Anblick) bestimmt, die weit vorausgeschickte, lang im Verborgenen mittelbar waltende Voraussetzung dafür, dass die Welt zum Bild werden muss.* „Zum Bild werden" meint, dass die abendländische Welt seit Platon – laut Heidegger – immer mehr zu einem logischen Vorstellungsgefüge zu erstarren drohte.

**Parmenides von Elea
(520/515 v. Chr. - 460/455 v. Chr.)**

Das Bildlose im Bild

Wahrheit als Lichtung

Wahrheit fasst Heidegger nicht als Abbild des Seienden, sondern als Geschehen, vergleichbar dem Fließen einer aus dem Untergrund kommenden Quelle. *Was wäre, wenn die an das Licht der Erde herkommende Quelle ohne die Gunst der im Unterirdischen ihr zufließendes Wasser bliebe? Sie wäre nicht die Quelle. (...) Der Hinweis auf die Quelle scheint nur ein 'Bild' zu sein. An ihm fassen wir das Bildlose des Wesens des hervorkommenden Aufgehens, das im Sichverbergen ruht, eher. Alles 'Wesen' ist in Wahrheit bildlos,* heißt es in Heideggers Vorlesung über Heraklit.

Das Wesen der *aletheia* kann wohl am besten am Beispiel von Kunstwerken erläutert werden. In ihnen ist ein Geheimnis verborgen („Unverborgenheit der Verborgenheit"), das es immer wieder neu zu befragen gilt. Von *Leonardo da Vinci* geschaffen und ins Offene der Wirklichkeit gestellt, birgt das Lächeln der *Mona Lisa* ein Geheimnis. „Details" kommen in Kunstwerken mitunter etwas Enigmatisches zu. Darin sind sie dem Sein vergleichbar, das sich *in der riesigen Werkstatt der wissenschaftlichen Technik als Unscheinbares und Geringes verbirgt* und sich dem Menschen entzieht. Mit dem Begriff „Lichtung" bezeichnet Heidegger jenes Wahrheitsgeschehen, das Kunstwerken ebenso wie dem Sein immer wieder neue wesentliche Aspekte abgewinnt.

Roaring Twenties – Weltwirtschaftskrise

Heideggers Fragen nach dem Sein betreffen ganz unabhängig von besonderen Zeitläufen den Menschen als solchen. Und doch ist es bestimmt kein Zufall, dass Heidegger seine Philosophie des *Seins zum Tode* in der Zeit der *Roaring Twenties* und der Weltwirtschaftskrise verfasste, als es vor den Arbeitsämtern von Arbeitslosen nur so wimmelte.

Heidegger war eher ein unpolitischer Mensch, der sich für die konkreten Maßnahmen des politischen oder sozialen Managements weniger interessierte. Als Philosoph ging es ihm um das Wesentliche, z. B. um die existenziellen Ängste als solche im Unterschied zur Furcht vor den Folgen einer konkreten wirtschaftlichen Depression. Doch dieser „Unpolitische" engagierte sich ausgerechnet für den Nationalsozialismus, dem an sozialen oder politischen Stückwerkreformen nichts lag und dem es immer ums Ganze ging. Das gefiel dem radikalen Heidegger. 1929 suchte er nach einer Macht, die *unserem Dasein einen Schrecken einzujagen vermag.* (Heidegger) Er sollte sie bald bekommen.

Der Weg in den Nationalsozialismus

Sein und Zeit atmet gleichzeitig den Geist der Krise und des Aufbruchs. Nach dem *Ersten Weltkrieg* schienen in Europa die Lichter auszugehen. Gleichzeitig herrschte eine Umbruchstimmung. So ist in der damaligen Literatur des Expressionismus vom *neuen Menschen* die Rede. Hermann Hesse in seinem Roman *Demian: Es kämpfte sich ein Riesenvogel aus dem Ei, und das Ei war die Welt, und die Welt musste in Trümmer gehen.* Heidegger schrieb *Sein und Zeit* in der aufgeheizten Atmosphäre der *Roaring Twenties*. Ihn selbst beeindruckt die Spontaneität und Unkonventionalität der „Jugendbewegung", zum Beispiel der *Wandervögel.* Begriffe wie *Entwurf, Entschlossenheit, Schicksal, Sein zum Tode* aus *Sein und Zeit* sind Eckpfeiler seiner Philosophie, die ihn offenkundig für die Ideologie des Nationalsozialismus anfällig werden ließen. Hitlers kometenhafter Aufstieg schien ein Fingerzeig für einen *entschlossenen* Neuanfang in Europa gegen Liberalismus, Nihilismus und allgemeine Oberflächlichkeit und Zerstreuung zu sein. Heidegger hing dem absurden Traum an, den „Führer" als Philosoph beraten zu können. Dabei hatte schon das Beispiel Platons gelehrt, wer im Verhältnis von Politik und Philosophie letztendlich „die Hosen anhat".

Hitler ist die Verkörperung eines Schicksals und meine große Chance!

Exkurs: Platons gescheiterte sizilianische Mission

Der griechische Philosoph Platon (428-347 v. Chr.) war der wichtigste Schüler des Sokrates. Nach dessen Hinrichtung im Jahr 399 v. Chr. floh er aus Angst vor einer möglichen Verfolgung aus Athen. Auf seiner Reise über Ägypten und Italien gelangte er bis nach Sizilien, wo Dion, ein Schwager des Tyrannen Dionysios von Syrakus, sein Schüler und Anhänger wurde. Dion vertrat fortschrittliche Ideen und wollte sich mit Platon, der eine Staatstheorie entwickelt hatte, verbünden. Doch Dionysios durchkreuzte diese Pläne. Platon wurde als Sklave verkauft und hatte noch Glück, dass ihn Gönner wieder einlösten. Unverrichteter Dinge kehrte Platon nach Athen zurück. Insgesamt versuchte er drei Mal zwischen 389 und 361 v. Chr. seine politische Theorie auf Syrakus zu verwirklichen, scheiterte aber jedes Mal an den Tyrannen Dionysos I und später an Dionysos II.

Die Rektoratsrede

Am 21. April 1933 wurde Heidegger zum Rektor der Freiburger Universität gewählt. Von Hitler und der „Bewegung" erhoffte er sich eine Wiederbelebung der griechischen Antike. Der Eintritt in die NSDAP erfolgte am 1. Mai 1933, am 27. Mai fand die Amtseinführung vor zahlreichen Parteifunktionären, uniformierten SA-Männern und den Honoratioren der Universität statt. Heidegger hielt seine Rede über die *Selbstbehauptung der deutschen Universität* in einer dürftigen Zeit, die vor Gedankenlosigkeit *nur so aus den Fugen kracht.*

Die deutsche Universität gilt uns als die hohe Schule, die aus Wissenschaft und durch Wissenschaft die Führer und Hüter des Schicksals des deutschen Volkes in die Erziehung und Zucht nimmt.

Eine formvollendete Rede! Ganz im Sinne des wiedererwachten Deutschlands!

Platons *megala panta episphale* als Antwort auf die Frage, *auf welche Weise sich ein Staat mit der Philosophie befassen muss, um nicht unterzugehen,* übersetzt Heidegger aus dem Griechischen mit *Alles Große steht im Sturm.* Bei Friedrich Schleiermacher hatte es noch *Alles Große ist auch bedenklich* geheißen. Wie Platon in der *Politeia* zwischen einem Nähr-, Wehr- und Wissensstand, unterscheidet Heidegger für seine Studenten einen *Arbeits-, Wehr-, und Wissensdienst. Die nationalsozialistische Revolution bringt die völlige Umwälzung unseres deutschen Daseins. An Euch ist es, die in diesem Geschehen die immer Drängenden und Bereiten, die immer Zähen und Wachsenden zu sein.*

Heideggers „Privatnationalsozialismus"
Nachdem Heidegger das Rektorat übernommen hatte, machte er sich mit Feuereifer an die Arbeit. Er träumte sich sozusagen seinen „Privatnationalsozialismus" zurecht. Für ihn bedeutete er im Wesentlichen: Ende des Cartesianismus an den deutschen Hochschulen. Die Metaphysik des großen Franzosen wird von Heidegger rundweg abgelehnt. Vom „deutschen Volk" erhofft er, dass es sich eine eigene Metaphysik schafft: *Wir sind ein Volk, das seine Metaphysik erst gewinnen muss und gewinnen wird, d.h. wir sind ein Volk, das noch ein Schicksal hat.* Von den Studenten erwartet Heidegger, dass sie sich ganz in den Dienst der großen Sache stellen. Sie sollten getrost den alten liberalen Freiheitsbegriff vergessen: *Freiheit ist nicht Freiheit von ... Bindung und Ordnung und Gesetz. Freiheit ist Freiheit für ... Entschlossenheit zu gemeinsamen geistigen Einsatz für das deutsche Schicksal. Mit der Immatrikulation vollziehen wir die Einreihung in die Reihe der also Entschlossenen.* (Heidegger)

Gespräch zwischen Karl Jaspers und Martin Heidegger im Juni 1933.

Schriftliches Bekenntnis
Am 11. November 1933 unterzeichnete u.a. Heidegger das *Bekenntnisses der Professoren an den deutschen Universitäten und Hochschulen zu Adolf Hitler und dem nationalsozialistischen Staat.* Für den Druck der in mehrere Sprachen übersetzten Schrift, Heidegger bezeichnet es als *Markenstein,* sammelt er Geld bei den Freiburger Dekanen ein. Heideggers schriftliche Aufforderung dazu endet mit dem Satz: *Es bedarf keines besonderen Hinweises, dass Nichtarier auf dem Unterschriftenblatt nicht erscheinen sollen.*

Wald- und Wiesenromantik

Die Studenten versucht Heidegger für seinen schönen Schwarzwald zu sensibilisieren. Er glaubt im Nationalsozialismus jene Liebe zum Sein und zur Heimat gefunden zu haben, die in den Modernismen der Zwanziger Jahre verloren gegangen zu sein schien. Er beschwört geradezu seine Studenten: *Sie sollen wissen, in den einsamen Bauernhöfen des Schwarzwaldes wohnen noch Männer und Frauen, die Ihnen Wesentliches zu sagen haben, und sei es nur durch die Art, wie sie da sind und ihrem Land und seiner Not verbunden bleiben.* Heidegger verbündet sich mit jungen Dozenten gegen die alten Honoratioren. Besonders kümmert sich der Rektor Heidegger um die Symbolik seines Auftrages, organisiert Feste und Umzüge, die eine neue Zeit vorbereiten sollen. Zur Sonnenwendfeier der Studenten im Universitätsstadion skandiert er: *Die Tage fallen – unser Mut steigt ... Flamme! Dein Lodern künde uns: die deutsche Revolution schläft nicht, sie zündet neu umher und erleuchtet uns den Weg, auf dem es kein Zurück mehr gibt. Flammen zündet! Herzen brennt!* (Heidegger)

Rektoratsrücktritt

Der baldige Rückzug
Heidegger versprach sich von Hitler eine Bewegung im Geiste der Seinsphilosophie gegen den kapitalistischen Westen und den bolschewistischen Osten. Doch schon bald beendete er sein Engagement für einen vermeintlich deutschen Sonderweg. Unter den Parteibonzen galt Heidegger wegen seines unverständlichen *talmudisch-rabulistischen* Denkens schon bald als verdächtig. Die Universität sollte sich im NS-Staat nicht selbst behaupten, sondern im Dienste der Partei stehen. Aufgrund von Anfeindungen aus der Partei und Erfolglosigkeit in Personalfragen trat Heidegger am 23. April 1934 vom Rektorat zurück.

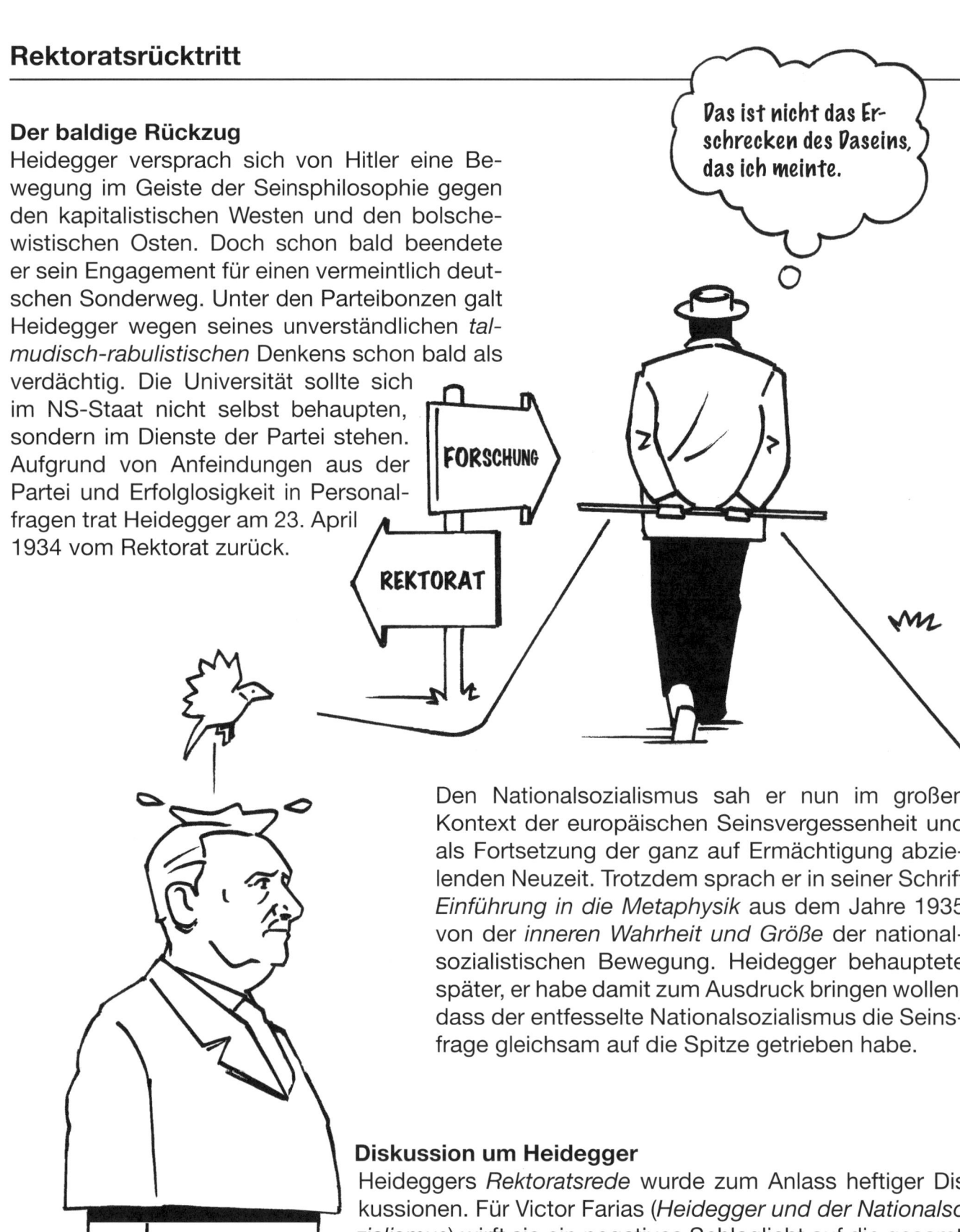

Den Nationalsozialismus sah er nun im großen Kontext der europäischen Seinsvergessenheit und als Fortsetzung der ganz auf Ermächtigung abzielenden Neuzeit. Trotzdem sprach er in seiner Schrift *Einführung in die Metaphysik* aus dem Jahre 1935 von der *inneren Wahrheit und Größe* der nationalsozialistischen Bewegung. Heidegger behauptete später, er habe damit zum Ausdruck bringen wollen, dass der entfesselte Nationalsozialismus die Seinsfrage gleichsam auf die Spitze getrieben habe.

Diskussion um Heidegger
Heideggers *Rektoratsrede* wurde zum Anlass heftiger Diskussionen. Für Victor Farias (*Heidegger und der Nationalsozialismus*) wirft sie ein negatives Schlaglicht auf die gesamte Seinsphilosophie Heideggers. Als letzterer in den 50er Jahren seine *Einführung in die Metaphysik* aus dem Jahre 1935 unverändert publizierte, kritisierte Jürgen Habermas diese *Selbstgerechtigkeit*.

... das ist nun wirklich der Verrat an der Philosophie als solcher.

Diskussion um Heidegger II

Im Gegensatz zu Habermas differenziert der amerikanische Philosoph Richard Rorty zwischen Heideggers Politik und Philosophie: *Wenn man (...) die Ansicht vertritt (...) das Selbst habe kein Zentrum wird man bereit sein, die Beziehung zwischen den Büchern eines Autors und anderen Bereichen seines Lebens für vollkommen kontingent zu halten.* Strenger urteilte Herbert Marcuse: *Ich sprach mehrfach (nach dem Krieg) mit ihm darüber und er gab zu, dass es ein 'Irrtum' war, er hätte Hitler und die Nazis falsch eingeschätzt – dazu möchte ich folgendes sagen, zuerst: das ist einer der Irrtümer, die ein Philosoph sich nicht leisten darf. Er kann und darf sich gewiss vieles leisten, viele Fehler, aber das ist kein Irrtum und kein Fehler, das ist nun wirklich der Verrat an der Philosophie als solcher.*

Herbert Marcuse (1898-1979)

Exkurs: Jürgen Habermas (geb. 1929)

Habermas wurde am 18. Juni 1929 in Düsseldorf geboren. Nach einem Studium der Philosophie, Geschichte, Psychologie, Deutschen Literatur und Ökonomie erfolgte 1954 die Promotion in Bonn. In den fünfziger Jahren trat Habermas als Feuilletonist hervor. Aus dieser Phase stammt die erwähnte Kritik an Heidegger. Es folgte die Zeit als Assistent am berühmten *Sozialphilosophischen Institut* in Frankfurt am Main bei Theodor W. Adorno und Max Horkheimer, den Begründern der Kritischen Theorie der Frankfurter Schule. Im Jahr 1961 habilitierte Habermas mit der Schrift *Strukturwandel der Öffentlichkeit.* Nach drei Jahren als außerordentlicher Professor in Heidelberg trat er 1964-71 die Nachfolge von Horkheimer in Frankfurt an. 1971 wurde Habermas Leiter des Max-Planck-Institutes zunächst in Starnberg, dann in München. 1982 kehrte er nach Frankfurt zurück, wo er bis zur Emeritierung 1994 als Professor für Soziologie und Philosophie das Institut für Sozialforschung leitete. Wie Heidegger betont Habermas die Bedeutung der Alltagswelt als Ausgangspunkt von Verständigung und Philosophie. Doch ungleich mehr als ersterer setzt er auf die Macht der Vernunft, wie sie im herrschaftsfreien Gespräch bzw. Diskurs entsteht.

Heideggers Bekenntnis zur Provinz

In dem kleinen Aufsatz *Schöpferische Landschaft: Warum bleiben wir in der Provinz?* aus dem Jahre 1934 begründet Heidegger, weshalb er einen Ruf der Universität in Berlin ablehnte. *Ich komme ... zu meinem alten Freund, einem 75jährigen Bauern. Er hat von dem Berliner Ruf in der Zeitung gelesen. Was wird er sagen? Er schiebt den sicheren Blick seiner klaren Augen in den meinen, hält den Mund straff geschlossen, legt mir seine treu-bedächtige Hand auf die Schulter und – schüttelt kaum merklich den Kopf. Das will sagen: unerbittlich Nein!*

Seine Tätigkeit als Philosoph – so Heidegger – sei nicht verschieden von der des Bauern: *Die philosophische Arbeit verläuft nicht als abseitige Beschäftigung eines Sonderlings. Sie gehört mitten hinein in die Arbeit der Bauern. Wenn der Jungbauer den schweren Hörnerschlitten den Hang hinaufschleppt und ihn alsbald mit Buchenscheiten hoch beladen in gefährlicher Abfahrt seinem Hof zulenkt; wenn der Hirt langsam-versonnenen Schrittes sein Vieh den Hang hinauftreibt, wenn der Bauer in seiner Stube die unzähligen Schindeln für sein Dach werkgerecht herrichtet, dann ist meine Arbeit von derselben Art ...*

Die Sprache ist das Haus des Seins

Nach dem gescheiterten Rektorat zog sich Heidegger wieder ganz auf seine Tätigkeit als Philosoph zurück. Mit der Herrschaft der informativen wissenschaftlich-technischen Sprache sah Heidegger eine Denkweise aufkommen, die alles nur noch unter dem Gesichtspunkt seiner Quantifizierung und Nützlichkeit beschreibt. Unsere gesamte westliche Kultur sei *behext durch das rechnende Denken.* Die Sprache ist für Heidegger jedoch nicht nur ein Mittel der Kommunikation, sondern ein Erfahrungsraum, in dem sich Mensch und Welt erst begegneten. Wörter bergen Geheimnisse, können uns für neue Erfahrungsräume sensibilisieren. In ihnen sind Seinsdimensionen verwahrt, die wir entdecken lernen müssen. Heidegger stellte über Wörter wie *Wesen, Lichtung, Grund, Ding, Sein* usw. ausführliche philosophische und etymologische Betrachtungen an. Immer stärker rückt die Sprache der Dichtung ins Zentrum seiner Seinsphilosophie. Im Wintersemester 1934 hält Heidegger eine Vorlesung über Hölderlins Hymnen *Germanien* und *Der Rhein.*

Der Rhein

Im dunkeln Efeu saß ich, an der Pforte
Des Waldes, eben, da der goldene Mittag,
Den Quell besuchend, herunterkam
Von Treppen des Alpengebirgs,
Das mir die göttlichgebaute,
Die Burg der Himmlischen heißt
Nach alter Meinung, wo aber
Geheim noch manches entschieden
Zu Menschen gelanget; von da
Vernahm ich ohne Vermuten
Ein Schicksal, denn noch kaum
War mir im warmen Schatten
Sich manches beredend, die Seele
Italia zu geschweift
Und fernhin an die Küsten Moreas.

...

Ähnlich wie das Schaffen von Heidegger ist auch das von Hölderlin tief von der Antike geprägt.

Was Hölderlin wohl über Heideggers Philosophie gesagt hätte?

So schnell geht das: Ein leichter Schneefall und schon bin ich verstimmt.

GEDICHTE

Hölderlin – der Dichter der Dichter

In den 1944 veröffentlichten *Erläuterungen zu Hölderlins Dichtungen* schreibt Heidegger im Vorwort: *Was die Gedichte Hölderlins in Wahrheit sind, wissen wir trotz der Namen 'Elegie' und 'Hymne' bis zur Stunde nicht. Die Gedichte erscheinen wie ein tempelloser Schrein, worin das Gedicht aufbewahrt ist. Die Gedichte sind im Lärm der 'undichterischen Sprachen' wie eine Glocke, die im Freien hängt und schon durch einen leichten über sie kommenden Schneefall verstimmt wird.* Vielleicht deshalb sagt Hölderlin in späteren Versen einmal das Wort, das wie Prosa klingt und doch dichterisch ist wie kaum eines (Entwurf zu Kolomb ...): *'Von wegen geringer Dinge / Verstimmt wie vom Schnee war / Die Glocke, womit / Man läutet / Zum Abendessen.* Hölderlin ist für Heidegger in einem ausgezeichneten Sinn der Dichter der Dichter. In Versen wie *Was bleibt aber stiften die Dichter, Voll Verdienst, doch dichterisch wohnet der Mensch auf dieser Erde, Und Winke sind von Alters her die Sprache der Götter* sah Heidegger Motive gegen die moderne Seinsvergessenheit.

Exkurs: Friedrich Hölderlin (1770-1843)

Friedrich Hölderlin, in Laufen am Neckar geboren, studierte nach dem Schulbesuch in Denkendorf und Maulbronn im Tübinger Stift Theologie. Berühmt ist die Freundschaft mit den Philosophen Friedrich Wilhelm Joseph Schelling und Georg Wilhelm Friedrich Hegel. Das Dreigespann gab die Parole aus, an einer *inneren Kirche* bauen zu wollen. Von 1796-1798 arbeitete Hölderlin als Hauslehrer in Frankfurt, wo er sich in Suzette Gontard, die Frau seines Arbeitgebers, die er „Diotima" nennt, verliebt. Nach weiteren Stationen als Hauslehrer in Bad Homburg, Nürtingen, Stuttgart, der Schweiz und Bordeaux, verfällt Hölderlin dem Wahnsinn. Ab 1806 lebt er bei einem Tübinger Tischler in Pflege. Hölderlin ging es um einen Bund unter den Menschen in Sympathie und Liebe. Oft erwähnt er in seinen Gedichten Götter oder Halbgötter, womit er zum Ausdruck bringen will, dass die Menschen nicht isoliert auf der Welt, sondern Teil eines größeren Ganzen sind. Das Wort *Nah ist / Und schwer zu fassen der Gott* aus der Patmos-Hymne, könnte auch Pate stehen für Heideggers Philosophie: *Nah ist / Und schwer zu fassen das Sein.*

Ich suche Gott!

Der tolle Mensch

Friedrich Nietzsche – der wesentliche Denker

Für Heidegger war Friedrich Nietzsche stets der wesentliche Denker. Ab dem Wintersemester 1936/37 rückt er ins Zentrum seines Interesses und seiner Vorlesungen. Wie kein anderer habe Nietzsche die moderne Seinsverlassenheit unter dem Stichwort des Nihilismus analysiert. So wenn in Nietzsches Schrift *Die Fröhliche Wissenschaft* der *Tolle Mensch* auf dem Markplatz am hellen Tag mit einer Laterne verzweifelt skandiert: *Gibt es noch ein Oben und ein Unten? Irren wir nicht wie durch ein unendliches Nichts?* Doch Nietzsches *Wille zur Macht* wird von Heidegger abgelehnt. Das Heil ist nicht in existenzieller Selbstermächtigung zu erringen. Das war ja noch Heideggers Irrtum in *Sein und Zeit* gewesen. Nietzsche sei kein Grieche, sondern ein Römer gewesen. Der *Wille zur Macht* wird von Heidegger als letzte Erscheinung abendländischer Metaphysik zurückgewiesen. Es geht Heidegger nicht um die Macht, sondern um das Sein.

Exkurs: Friedrich Nietzsche (1844-1900)

Friedrich Nietzsche war ein Künstlerphilosoph, dessen Strahlkraft sich auf Schriftsteller und Philosophen wie Thomas Mann, Rainer Maria Rilke, Martin Heidegger und Michel Foucault auswirkte. Von 1858 bis 1864 besuchte der Pfarrerssohn das berühmte Gymnasium Schulpforta bei Naumburg. 1864 nahm er das Studium der Theologie und klassischen Philologie in Bonn auf, im darauf folgenden Jahr wechselte er nach Leipzig. Dort lernte er Richard Wagner kennen, dessen Musik er zunächst verehrte, später jedoch kritisch betrachtete. Mit 25 Jahren wurde Nietzsche Professor für Philologie in Basel, wurde aber nach nur wenigen Jahren aus gesundheitlichen Gründen vom Dienst entlassen. Von da an führte er ein Wanderleben, das ihn im Sommer meist nach Sils Maria im Oberengadin und in den anderen Monaten nach Oberitalien und an die Riviera führte. Im Alter von 45 Jahren erlitt er in Turin einen paralytischen Anfall. Zunächst wurde er von seiner Mutter in Naumburg gepflegt. Nach ihrem Tod im Jahre 1897 kam er zu seiner Schwester nach Weimar, wo er am 25. August 1900 starb.

Kaum einer bedenkt das Sein ...

Was aber ist das Sein?

Man ist gut beraten, Heideggers Bände über Nietzsche heranzuziehen, um en passant Heideggers Seinsbegriff näher kennenzulernen. Darüber hinaus bieten Passagen wie die folgende einen Einblick in Heideggers gleichsam langsames und geduldiges Fragen und Philosophieren: *Das Sein ist das Verständlichste, so dass wir dessen nicht achten, wie mühelos wir uns in seinem Verständnis halten. Dieses Verständlichste ist zugleich das am wenigsten Begriffene und anscheinend nicht Begreifbare. Woher sollen wir es begreifen? Was 'gibt es' außerhalb seiner, von wo aus ihm eine Bestimmung zugeteilt werden könnte? Denn das Nichts eignet sich am geringsten zu einem Bestimmenden, da es das Bestimmungslose und die Bestimmungslosigkeit selbst 'ist'. Das Verständlichste widersetzt sich aller Verständlichkeit. Das Sein ist das Gebräuchlichste, worauf wir uns in allem Verhalten und aus jeder Haltung berufen.*

Alle rennen wir ständig nach dem Seienden; kaum einer bedenkt je das Sein
Das Sein ist das Verlässlichste, das uns nie zu einem Zweifel beunruhigt. Ob dieses oder jenes Seiende ist oder nicht, bezweifeln wir bisweilen; ob dieses oder jenes Seiende so ist oder anders, bedenken wir oft. Das Sein, ohne welches wir Seiendes nicht einmal nach irgendeiner Hinsicht bezweifeln können, bietet einen Verlass, dessen Verlässlichkeit nirgendshin sich überbieten lässt. Und dennoch – das Sein bietet uns keinen Grund und Boden wie das Seiende, an das wir uns kehren, worauf wir bauen und woran wir uns halten.

***Alle rennen wir ständig nach dem Seienden; kaum einer bedenkt je das Sein* II**

Das Sein ist die Ab-sage an die Rolle eines solchen Gründens, versagt alles Gründige, ist ab-gründig. Das Sein ist das Vergessenste, so maßlos vergessen, dass auch diese Vergessenheit noch in ihren eigenen Wirbel hineingezogen bleibt. Alle rennen wir ständig nach dem Seienden; kaum einer bedenkt je das Sein. Man versteht, dass die „NS-Tatmenschen" mit solchen Formulierungen nicht viel anfangen konnten. Sie zeigen auch, dass man Heidegger nicht vorschnell als harmlosen Heimatphilosophen abtun sollte.

Beiträge zur Philosophie – Vom Ereignis

Ab dem Jahr 1936 versuchte Heidegger seine Gedanken über das Sein skizzenartig zu formulieren. Der 1938 abgeschlossene Textkorpus *Beiträge zur Philosophie (vom Ereignis)* kann als sein zweites Hauptwerk nach *Sein und Zeit* begriffen werden. Das Ereignis bedeutet den *Wesenswandel des Menschen aus dem ´vernünftigen Tier´ (animal rationale) in das Da-sein.* Heidegger verschreibt sich immer mehr einer hermetischen Sprache: *Hier wird nicht beschrieben und nicht erklärt, nicht verkündet und nicht gelehrt: hier ist das Sagen nicht im gegenüber zu dem Sagenden, sondern ist dieses selbst als die Wesung des Seyns.* (Heidegger) Nach seiner philosophischen „Kehre" begann er das Wort Sein mit y zu schreiben, um durch eine solche verfremdende Schreibweise deutlich zu machen, dass der Mensch keineswegs Schöpfer des Seins, sondern nur eine Art Medium ist. *Die Beiträge fragen in einer Bahn, die durch den Übergang zum anderen Anfang, in dem jetzt das abendländische Denken einrückt, erst gebahnt wird.* Das Werk weist keine strenge Gliederung auf und entspricht damit dem Motto der Gesamtausgabe Heideggers: *Wege – nicht Werke.* Es richtet sich an die *Seltenen,* die überhaupt noch bereit sind, sich auf die Seinsfrage einzulassen.

Hat jemand den letzten Gott gesehen?

Der letzte Gott

In den *Beiträgen* spricht Heidegger von der Notwendigkeit der Ankunft eines letzten Gottes. Nur so sei die Gefahr der Selbstvergötzung des Volkes (man könnte hinzufügen, der Menschheit) zu entgehen. *Ein Volk ist nur Volk, wenn es in der Findung seines Gottes seine Geschichte zugeteilt erhält, jenes Gottes, der es über sich selbst hinwegzwingt und es so in das Seiende zurückstellt.* Doch wie soll dieses Volk seinen Gott finden, wenn es ihn gar nicht sucht und die wenigen, die ihn suchen, immer seltener werden? Auf ihnen liegt die ganze Last. Sie halten in dürftiger Zeit die Fackel, um das Ereignis des letzten Gottes offen zu halten. Der letzte Gott – so stellt Heidegger als Motto des entsprechenden Kapitels fest – ist *Der ganz Andere gegen / die Gewesenen, zumal gegen den christlichen.* Mit dem letzten Gott wird die Menschheit endlich aufhören *die Erde nur noch als das Ausnutzbare* zu begreifen. *Verhaltenheit und Verschwiegenheit werden die innigste Feier des letzten Gottes sein und die eigene Weise des Zutrauens zur Einfachheit der Dinge ... die Bergung der Wahrheit wird das Verborgenste verborgen sein lassen und ihm so die einzige Gegenwart leihen.*

Ne, keine Ahnung. Hier hat sich noch nie irgendein Gott hinverirrt. Ist ne ziemlich dürftige Zeit, was?!

Not des Anfangs

In den *Beiträgen* finden wir einige bekannte Denkfiguren Heideggers in neuer Formulierung wieder. Die Wahrheit des Seins, so Heidegger, liege in der Not des Anfangs verborgen. Der Mensch findet sich voller Schrecken als endliches Wesen vor und *diese Not gehört zur Wahrheit des Seins selbst.* Doch diese Not nötige den Menschen, über sich selbst hinaus in höhere Seinsmöglichkeiten hineinzuwachsen. Heidegger fragt: die *Not, jenes Umtreibende, Wesende – wie wenn es die Wahrheit des Seyns selbst wäre (...)?* Erneut kritisiert Heidegger die Metaphysik. Die westlichen Philosophen hätten zwar nach den Wesenszügen des Seienden gefragt, aber darüber die Frage nach dem Sein vergessen. *Die Metaphysik meint, das Sein lasse sich am Seienden finden, und dies so, dass das Denken über das Seiende hinaus geht.* Metaphysik und Wissenschaft suchten nach einem Urprinzip (arché), worin alles Einzelne entspringe. Am Anfang stehe jedoch keineswegs ein alles vorgebendes Prinzip, keine arché, keine Atome oder Zahlen, nicht Fichtes ursprüngliche Tathandlung einer Subjekt/Objekt Trennung. Am Anfang stehe über dem Erschrecken vor dem Nichts die Öffnung zum Sein. Erst die ontologische Differenz zwischen Sein und Seiendem ermöglicht die Offenheit (Unverborgenheit).

Heidegger wird als Mitläufer eingestuft

Als 1944 Heidegger noch kurz zum „Volkssturm" eingezogen wurde, marschierte er an die Westfront, setzte sich aber bald von der Truppe ins sichere Meßkirch ab. 1945 hält er sich mit anderen Professoren in der Burg Wildenstein auf. Bei einer Befragung vor dem *Bereinigungsausschuss* der Universität Freiburg übernimmt er keinerlei Verantwortung für seine Vergangenheit. 1946 erhält er ein Lehrverbot und wird 1949 von der französischen Militärregierung als *Mitläufer* eingestuft. Da öffentliche Auftritte erlaubt sind, hält er Vorträge im „Club zu Bremen", auf der „Bühlerhöhe", in Baden-Baden und an der *Bayerischen Akademie*. In das Jahr 1946 fällt die Bekanntschaft und spätere Freundschaft mit dem französischen Philosophen Jean Beaufret. Auf dessen Anfrage verfasste er den berühmten *Humanismusbrief*, in welchem Heidegger sein Verhältnis zum französischen Existenzialismus (Sartre, Camus) und zum Humanismus klären sollte. Sartre hatte nämlich in *Ist der Existenzialismus ein Humanismus?* den von ihm vertretenen Existenzialismus als eine Spielart des Humanismus ausgegeben und Beaufret wollte wissen, wie Heidegger dazu steht. Im *Humanismusbrief* geht Heidegger in deutliche Distanz zu Sartres Vorstellung des Menschen als Selbstschöpfer und kritisiert den Anthropozentrismus und Humanismus. Es gehe weniger darum, sich selbst zu erschaffen als auf das Heranwesen des Seins zu hören.

Exkurs: Jean-Paul Sartre (1905-1980)

Sartre wurde am 21. Juni 1905 in Paris als Sohn des Marineoffiziers Jean-Baptiste Sartre geboren. Der Vater starb, als Sartre noch keine zwei Jahre alt war. Daraufhin wuchs er unter der Obhut der Mutter, Anne-Marie Sartre, geborene Schweitzer, bei seinem Großvater, dem Deutschlehrer Charles Schweitzer, einem Onkel des Nobelpreisträgers Albert Schweitzer, auf. An der *École Normale Supérieure* lernte Sartre seine berühmte Lebensgefährtin Simone de Beauvoir kennen. Von 1931-1944 wirkt er als Philosophielehrer an verschiedenen Gymnasien. Nach dem Erfolg seines Romans *Der Ekel* kündigte er seine Stellung, um als freier Schriftsteller zu leben. Ins Jahr 1933 fällt ein längerer Studienaufenthalt in Berlin, wo Sartre Husserls Phänomenologie und Heideggers *Sein und Zeit* studierte. 1940 geriet er als Soldat in der Nähe von Trier kurz in deutsche Gefangenschaft; nach seiner Entlassung kämpfte er auf der Seite der *Résistance*. Noch unter der deutschen Besatzung entstand Sartres philosophisches Hauptwerk: *Das Sein und das Nichts*. Enttäuschend verlief seine einzige Begegnung mit Heidegger nach dem Krieg. Zu unterschiedlich waren die Lebenseinstellungen des heimatverbundenen Seinsphilosophen und des Pariser Großstadtmenschen.

Über den Humanismus

Der Mensch als „Hirt des Seins" – Über den Humanismus (1946)

Sartre begreife den Menschen zu sehr über seine Subjektivität (Ratio, Bedürfnisse, Werte). Er nimmt den Menschen damit zu wichtig und zu unwichtig zugleich. Überheblich ist es laut Heidegger, alles mittels Technik beherrschen zu wollen, anstatt sich als Hirt des Seins zu verstehen. Der Mensch ist der *Hirt des Seins. In diesem 'weniger' büßt der Mensch nichts ein, sondern er gewinnt, indem er in die Wahrheit des Seins gelangt.* Menschen – und nur sie – sind ins Nichts hineingehaltene „ekstatische" Wesen (Ekstase = gr. lat.; Aussichherausgetretensein), das heißt, Entscheidungsräume schaffende Wesen. Der Mensch ist aus seiner unmittelbaren Natürlichkeit herausgetreten (existere) und hat sich eine eigene sinnhafte und offene Welt geschaffen. *Weil Gewächs und Getier zwar je in ihre Umgebung verspannt, aber niemals in die Lichtung des Seins, und nur sie ist 'Welt', frei gestellt sind, deshalb fehlt ihnen die Sprache.* Die Sprache definiert Heidegger im *Humanismusbrief* als das Haus des Seins. Sprache sei keineswegs in die Verfügungsgewalt des Subjekts gestellt. Eigentlich spreche nicht das Subjekt, sondern die Sprache selbst.

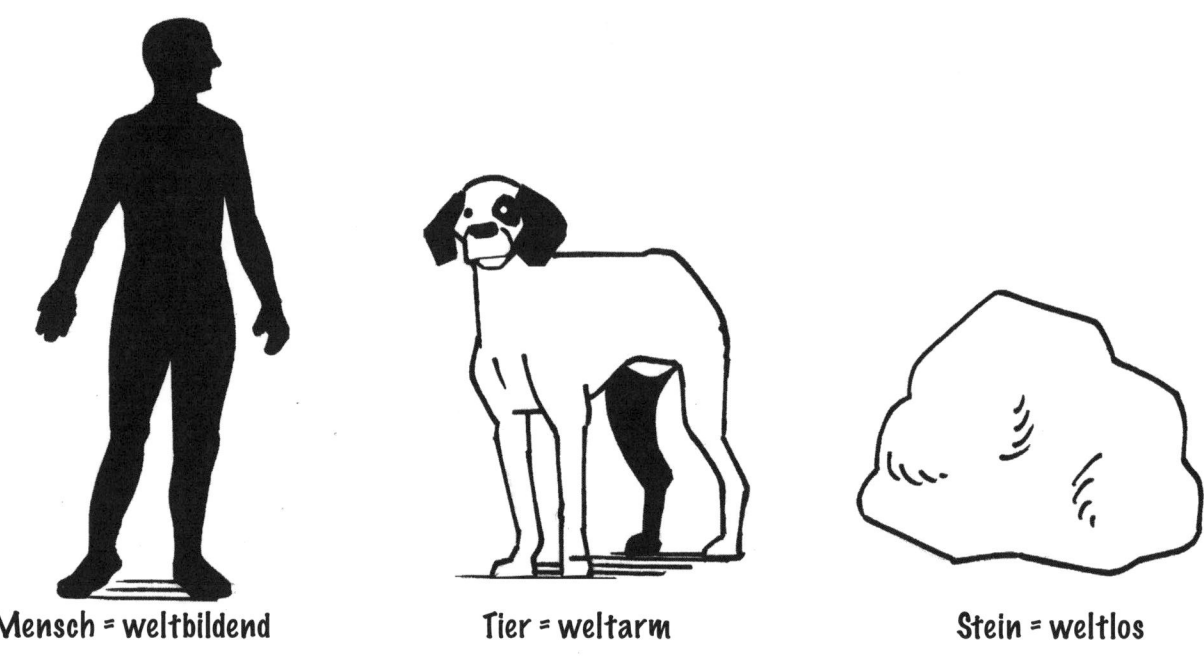

Mensch = weltbildend   Tier = weltarm   Stein = weltlos

Was ist das – die Philosophie?

In der Schrift *Die Grundbegriffe der Metaphysik* führt Heidegger aus, dass der Mensch *weltbildend,* das Tier *weltarm* und der Stein *weltlos* sei. Unter Welt versteht Heidegger nicht einfach nur die Gesamtheit des Seienden, sondern der Begriff bezeichne eher, wie sich Seiendes auf Seiendes beziehe. Der französische Philosoph Jacques Derrida interpretierte Heideggers Ansatz so, dass nur der Mensch die Dinge befrage, während die Tiere – zum Beispiel die Biene die Blüte, den Duft – einfach so hinnehmen würden. Der Mensch kann sich – so Heidegger – in ein Verhältnis zum Seienden stellen (weltbildend). Im Alltagsverstand komme uns zwar Seiendes wie ein feststehendes Gefüge vor, die Philosophie habe jedoch die Aufgabe, den Schein dieser – starren – Verhältnisse aufzubrechen, so *dass das, wovon die Philosophie handelt, überhaupt nur in und aus einer Verwandlung des menschlichen Daseins sich aufschließt.* (Heidegger) Die Philosophie ist das Erstaunen über das Sein, nicht in dem Sinne, dass man zuerst staunt und dann das Rätsel (des Seins) löst, sondern: *das Erstaunen ... durchherrscht jeden Schritt der Philosophie.* (Heidegger) Das philosophische Staunen ist nötig, um sich für den Zuspruch des Seins zu öffnen.

Van Goghs Bauernschuhe

Wissenschaft und Technik haben weitgehend die ursprüngliche Seins- und Dingerfahrung verstellt. Heute wird alles unter dem Nutzaspekt gefasst. Werden wir – so fragt Heidegger in *Die Frage nach dem Ding ... noch vom Seienden als solchem im Ganzen angesprochen ...?* In *Der Ursprung des Kunstwerks* versucht Heidegger an einer Interpretation eines Gemäldes van Goghs, das seiner Meinung nach Bauernschuhe zeigt, einen seinsgerechteren Zugang zu den Dingen.

> ... Der Krug west als Ding. Der Krug ist der Krug als ein Ding. Wie aber west das Ding? Das Ding dingt. Das Dingen versammelt. Es sammelt, das Geviert ereignend, dessen Weile in ein je Weiliges: in dieses, in jenes Ding ...

> Ha, ha, das ist die beste Heidegger-Parodie, die ich je gesehen habe! Wer ist der Typ?!

> Das ist keine Parodie.

Die Bauernschuhe sind nicht nur einfach Objekte, sondern an ihnen lässt sich die ganze bäuerische Lebenswelt entwickeln. Was ist auf dem Gemälde zu sehen? *Ein paar Bauernschuhe und nichts weiter. Und dennoch. Aus der dunklen Öffnung des ausgetretenen Innwendigen starrt die Mühsal der Arbeitsschritte. In der derbgediegenen Schwere des Schuhzeuges ist aufgestaut die Zähigkeit des langsamen Ganges durch die weithin gestreckten und immer gleichen Furchen des Ackers, über die ein rauher Wind steht. Auf dem Leder liegt das Feuchte und Satte des Bodens. Unter den Sohlen schiebt sich die Einsamkeit des Feldweges durch den sinkenden Abend. In dem Schuhzeug schwingt der verschwiegene Zuruf der Erde. ... Zur Erde gehört dieses Zeug, und in der Welt der Bäuerin ist es behütet.*

Im Bezugsystem des *Gevierts*

Das *Geviert*

Für Heidegger drücken die Bauernschuhe die Pracht des Schlichten aus. Die Dinge stehen im Bezugsystem des von ihm sogenannten *Gevierts*. Im Geschenk des Kruges weilen 1. die Sterblichen, 2. die Göttlichen, 3. die Erde und 4. der Himmel = Das *Geviert*. Die Erde ist die Ernährerin, *hegend Gewässer und Stein, Gewächs und Getier.* Der Himmel ist *Sonnengang, Mondlauf der Glanz der Gestirne, die Zeiten des Jahres, Licht und Dämmer des Tages, Dunkel und Helle der Nacht ...* Die Erde steht für die Bodenständigkeit, der Himmel für den Geist (Hölderlins Lichtstrahl aus dem Rheingedicht, wo es heißt: *das meiste nämlich vermag die Geburt / und der Lichtstrahl).* Als Sterbliche bezeichneten die Griechen die Menschen. Seit seiner Beschäftigung mit Hölderlin gewinnen in Heideggers Philosophie die Götter an Bedeutung. Eine von Trost und göttlicher Inspiration verlassene Menschheit versucht diesen Verlust durch Macht über andere und die Ausbeutung der Erde zu kompensieren.

Von Ferne und Nähe

Über Heideggers *Geviert* schreibt Thomas Rentsch: *Während die Herrschaft der Technik die ,Abstandslosigkeit' bewirkt, wirkt das Wesen des Kruges ,Nähe', indem es die Vier ,in ihren Fernen einander nahe bringt.'* Wer dem Mythos des technologischen Fortschritts kritisch gegenübersteht, kann bei Heidegger Anregungen finden. Oft wiederholt Heidegger seinen Grundgedanken, dass die Technik alleine keine Nähe schafft. Zwar können wir in immer größer werdenden Geschwindigkeiten um die halbe Welt fliegen, aber sind sich die Menschen deshalb näher gekommen? *Heidegger beobachtet, dass Zeit und Raum das menschliche Maß verlieren, durch Flugzeuge, Rundfunk, Film, endlich durch den ,Gipfel der Beseitigung jeder Möglichkeit der Ferne' – ,die Fernsehapparatur'. Er will sagen, dass uns das optisch Nahgebrachte fern bleiben kann, dass die Abstandslosigkeit alles gleichförmig macht und Bedeutungen nivelliert. Jetzt ist alle Nähe entschwunden.*

> Da geht es hin, mein verkrampftes Ich.

Gelassenheit

Im Laufe seines Denkweges entwickelte Heidegger eine Philosophie der Gelassenheit und Behutsamkeit. *Sein lassen* bedeutet die Dinge von einem Standpunkt *sub specie aeternitatis (unter dem Gesichtspunkt der Ewigkeit)* zu betrachten. Wir können nicht alles kontrollieren, steuern, regeln, sondern müssen akzeptieren, dass sich vielleicht sogar das Wichtigste dem direkten Zugriff entzieht. Der mittelalterliche Mystiker *Meister Eckhart* nannte die Gelassenheit manchmal auch Abgeschiedenheit, um zu verdeutlichen, dass es bei der Gelassenheit am meisten darauf ankommt, loslassen zu können. Gerade vom verkrampften *Ich* müssen wir versuchen, loslassen zu können. Die Gelassenheit entspringt einem sorgsamen, besinnlichen, reflektierten Denken, wie Heidegger in seiner kleinen Schrift *Gelassenheit* die Alternative zum instrumentellen Denken nennt. *Das besinnliche Denken verlangt von uns, dass wir nicht einseitig an einer Vorstellung hängen bleiben, dass wir nicht in einer Vorstellungsrichtung weiterrennen.* (Heidegger)

Exkurs: Meister Eckhart (um 1260-1328)

Meister Eckhart ist der wichtigste Vertreter der deutschen Mystik. Das Wort Mystik stammt vom dem griechischen *myein (Augen, Ohren, Mund schließen,* um sich ganz auf das Absolute konzentrieren zu können). Eckhart wurde 1260 in Thüringen als Sohn einer Adelsfamilie geboren und trat dem Erfurter Dominikanerorden bei. Seine Oberen schickten ihn zum philosophischen Grundstudium (artes liberales) nach Paris, das Theologiestudium fand dann in Köln statt. Bei einem weiteren Parisaufenthalt wurde er schließlich Magister, worauf sich sein Name Meister Eckhart bezieht. Zwischen 1314 und 1322 wirkte Eckhart als Generalvikar in Straßburg. Dort oblag ihm die geistliche Betreuung der Dominikanerinnenklöster. Die Wirkung von Eckhart beruhte aber auf seinen in Deutsch geschriebenen Traktaten: *Reden der Unterweisung, Buch der göttlichen Tröstung.* Besonders beliebt waren seine Predigten: *Von der Abgeschiedenheit, Vom tätigen und schauenden Leben, Von der Selbsterkenntnis.* In *Von der Abgeschiedenheit* predigt Eckhart, dass nur der abgeschiedene Mensch die Möglichkeit habe, Gott vollständig zu erfahren.

Das Seiende wird gestellt

Das *Gestell*

Heidegger war keineswegs ein prinzipieller Gegner von Wissenschaft und Technik. Sein berühmter Ausspruch *Die Wissenschaft denkt nicht* meint, dass die Wissenschaften immer nur bestimmte Seinsbereiche beschreiben, aber eben nicht – wie die Philosophie – das Sein als Ganzes in den Fragehorizont rückten. Die Technik sei so lange kein Problem, wie sie sich in ein Gesamtverständnis vom Sein integrieren lasse. Doch im *Atomzeitalter*, wie Heidegger das 20. Jahrhundert nennt, sei es mit der neuzeitlichen Technik dahin gekommen, dass sie den Universalanspruch erhebe, alle Menschheitsfragen lösen zu wollen. Heidegger stellte schon in den 50er Jahren die Tendenz fest, dass die Technik den Menschen nach einem bestimmten Bild feststellen bzw. umgestalten will (Gentechnik, Biopolitik usw.), und erwartete von der Reaktion auf solche Bestrebungen die größte – die Seinsfrage überhaupt erst entscheidende – zukünftige Herausforderung. Die Art und Weise der Herrschaft der modernen Technik nennt Heidegger *Das Gestell. Dass Seiende wird gestellt, d. h. zur Rechenschaft vor dem Gerichtshof des Rechnens gezogen.*

... so denke ich an das, was sich heute als Biophysik entwickelt: dass wir in absehbarer Zeit im Stande sind, den Menschen so zu machen, d. h. rein seinem organischen Wesen nach so zu konstruieren, wie man ihn braucht.

Die Frage nach der Technik – Denn das Fragen ist die Frömmigkeit des Denkens.
In dem Vortrag *Die Frage nach der Technik* gibt Heidegger zu bedenken: *Gesetzt nun aber, die Technik sei kein bloßes Mittel, wie steht es dann mit dem Willen sie zu meistern?* Die Technik sei kein bloßes Mittel, sondern eine *Weise des Entbergens*. Die moderne Technik sei eine riesenhafte Herausforderung an die Natur, dem Menschen Ressourcen zu liefern. Das Wasserkraftwerk ist in den Rheinstrom gestellt. ... *Das Wasserkraftwerk ist nicht in den Rheinstrom gebaut wie die alte Holzbrücke, ... Vielmehr ist der Strom in das Kraftwerk verbaut. Er ist, was er jetzt als Strom ist, nämlich Wasserdrucklieferant ... Achten wir doch, um das Ungeheure, das hier waltet, auch nur entfernt zu ermessen, für einen Augenblick auf den Gegensatz, der sich in den beiden Titeln ausspricht: ʼDer Rheinʼ, verbaut in das Kraftwerk, und ʼDer Rheinʼ, gesagt aus der gleichnamigen Hymne Hölderlins.* Von der modernen Technik geht eine große Gefahr aus. Doch mit Hölderlin weiß Heidegger: *Wo aber Gefahr ist, wächst / das Rettende auch. ... Je mehr wir uns der Gefahr nähern, um so heller beginnen die Wege ins Rettende zu leuchten, um so fragender werden wir. Denn das Fragen ist die Frömmigkeit des Denkens.*

Der Feldweg

In der kleinen Schrift *Der Feldweg* finden wir einen Extrakt von Heideggers später Seinsphilosophie des *Gevierts* und der *Gelassenheit*. *Wenn die Rätsel einander drängten und kein Ausweg sich bot, half der Feldweg. Denn er geleitet den Fuß auf wendigem Pfad still durch die Weite des kargen Landes ...*

Über das Wachstum der Eiche am Feldweg heißt es: *Die Eiche selber sprach, dass in solchem Wachstum allein gegründet wird, was dauert und fruchtet: dass wachsen heißt: der Weite des Himmels sich öffnen und zugleich in das Dunkel der Erde wurzeln: dass alles Gediegene nur gedeiht, wenn der Mensch gleich recht beides ist: bereit dem Anspruch des höchsten Himmels und aufgehoben im Schutz der tragenden Erde ... Das Einfache verwahrt das Rätsel des Bleibenden und des Großen. ... Die Weite aller gewachsenen Dinge, die um den Feldweg verweilen, spendet Welt. Im Ungesprochenen ihrer Sprache ist, wie der alte Lese- und Lebemeister Eckehardt sagt, Gott erst Gott ... Der Mensch versucht vergeblich, durch sein Planen den Erdball in eine Ordnung zu bringen, wenn er nicht dem Zuspruch des Feldweges eingeordnet ist.*

... das Nichts, ständig präsent halten – wir sind nur dann eigentlich, wenn wir Sein-zum-Tode sind.

Europa und Asien

Den Westen sah Heidegger vor eine Weggabelung gestellt. Entweder es gehe so weiter wie bisher oder es komme zu einer Wiederaneignung des Seins. Heidegger zufolge ist die Geschichte Europas keine Erfolgsstory, sondern eher vom Verfall geprägt. Mit seinem Denken der Behutsamkeit, des Wartens und der Zurückhaltung – *der Mensch als Hüter des Seins* – wurde er anschlussfähig für das fernöstliche Denken. In Japan, einem Land, in dem Heidegger stark rezipiert wird, ist es Tradition, öfter am Tag inne zu halten und z. B. ein Haiku zu lesen oder zu dichten. Das Haiku versucht das Atmosphärische an den Dingen und im Leben hervorzuheben. Als Beispiel sei hier der Dreizeiler *Einem fallenden / Blütenblatt sehe ich nach – Welch eine Stille!*, angeführt, der mit den Mitteln der Sprache etwas hervortreten lassen kann, was zuvor unbeachtet blieb.

Italien, Paris

1952 reiste Heidegger nach Italien. In einem Brief an Hannah Arendt heißt es: *Italien war für uns herrlich; mit dem Wagen sieht man anders – Florenz war am schönsten ...* 1955 folgt eine Reise nach Paris (zum Colloque de Cerisy) und in die Normandie. Am Gare de l´ Est staunt Heidegger: *Ich bin doch in Paris.* Als ihn Elfride über seine Eindrücke fragt, antwortet er: *Ich bin erstaunt – über mich.* In Paris lernt Heidegger den Dichter René Char kennen. Char stammt aus der Provence und kämpfte in der Résistance. Beide verstehen sich außerordentlich gut. *Es ist ein eigenartiges Paar, der verhinderte Nazichefideologe und der Widerstandskämpfer.* (Anton M. Fischer) Über Heidegger meinte René Char später: *Heidegger war für mich ein Freund ... Er hatte gefehlt, er war Nazi gewesen für zehn Monate, nicht länger. Er wollte es wieder gutmachen. In Frankreich haben Beaufret und ich ihm dabei geholfen ... Heidegger (hat) mir gegenüber nie antisemitische Äußerungen gemacht.* (René Char)

René Char (1907-1988)

Reisen in die Provence (1956-1958)

Im September 1956 fährt er mit Beaufret in die Provence, genauer nach Aix-en-Provence, wo er auf den Wegen Paul Cézannes wandelt. Heidegger ist von der Landschaft derart fasziniert, dass er noch zweimal hinfährt. Im März 1958 nutzt er anlässlich eines Vortrags in der Universität von Aix über *Hegel und die Griechen* die Gelegenheit für eine Liebeserklärung an das Land: *Ich liebe die Milde dieses Landes und seiner Dörfer. Ich liebe die Strenge seiner Berge. Ich liebe die Harmonie von beiden. Ich liebe Aix, Bibemus, das Gebirge Sainte-Victoire. Ich habe hier den Weg Paul Cézannes gefunden, dem, von seinem Beginn zu seinem Ende, mein eigener Weg des Denkens in gewisser Weise entspricht. Ich liebe dieses Land mit seiner Meerküste, weil sich darin die Nähe von Griechenland ankündigt ... Ich liebe dies alles, weil ich überzeugt bin, dass es kein wesentliches Werk des Geistes gibt, das nicht seine Wurzel in einer ursprünglichen Bodenständigkeit hat.*

Erste Reise nach Griechenland (1962)

Im Frühjahr 1962 ist es soweit. Heidegger fährt zum ersten Mal nach Griechenland. Doch es will sich auf dem Kreuzfahrtschiff *Jugoslavija* keine rechte Stimmung einstellen. Über Ithaka, der Heimat des Odysseus, heißt es resignierend: *Die Zweifel blieben, ob uns je noch eine Erfahrung des anfänglich Griechischen gewährt sei.* Erst in Delos wird er vom antiken Erbe angesprochen. *Das Verhüllte eines wesentlichen großen Anfangs sprach aus allem ... Delos, die heilige Insel, die Mitte des Griechenlands, seiner Küsten und Meere, offenbart, indem sie verbirgt ... Durch die Erfahrung von Delos erst wurde die Griechenlandfahrt zum Aufenthalt, zum gelichteten Verweilen bei dem, was die Aletheia ist.*

Griechenlandreise

Athen und Delphi

In Athen löst die Akropolis mit dem Parthenon in Heidegger eine starke Stimmung aus: *Die Bauglieder des Tempelwerkes verloren das Stoffliche. Das Bruchstückhafte verschwand. Die räumlichen Erstreckungen und Maße verdichteten sich in einen einzigen Ort. Sein Versammeltes begann zu spielen. Ein unfassliches Glänzen brachte das ganze Bauwerk in ein Schweben und hob es zugleich in eine festdurchgrenzte, dem tragenden Fels verschwisterte Gegenwart. Sie war erfüllt von der Verlassenheit des Heiligtums. In ihr näherte sich unsichtbar die Abwesenheit der geflohenen Göttin.* Auf der Kreuzfahrt insgesamt nerven ihn allerdings die Touristen mit ihrem Drang alles photographieren zu müssen: *Sie werfen ihr Gedächtnis weg in das technisch hergestellte Bild. Sie verzichten ahnungslos auf das ungekannte Fest des Denkens ...* Der Aufenthalt in Delphi endete mit einer Abfütterung, zu der die Fahrgäste unseres Schiffes mit anderen Reisegruppen in einem Hotelsaal zusammengedrängt wurden.

> Sie werfen ihr Gedächtnis weg in das technisch hergestellte Bild. Sie verzichten ahnungslos auf das ungekannte Fest des Denkens.

Fazit der ersten Griechenland-Reise

Auf der Rückfahrt zum Hafen klärte sich die Einsicht, dass mit dem rücksichtslosen Ansturm des Tourismus eine fremde Macht ihre Bestellbarkeiten und Einrichtungen über das alte Griechenland lege, dass es aber auch ein Ausweichen wäre vor dem, was ist, wollte man den wahllosen Reisebetrieb außer Acht lassen, statt die Kluft zwischen dem Einst und Jetzt zu bedenken und das darin waltende Geschick anzuerkennen. Insgesamt jedoch endet für Heidegger die Fahrt versöhnlich. *Als am letzten Abend nach der Ausfahrt ... glühend rot die Sonne ins Meer versank, begleiteten Delphine eine Weile das Schiff. Dies war der letzte Gruß des Griechenlandes.* Insgesamt fuhr Heidegger drei Mal in das Mutterland der Philosophie.

Wiederaufnahme der Lehrtätigkeit, Reisen, Ehrungen, letzte Jahre

Schon im Jahre 1951 hielt Heidegger wieder eine erste Vorlesung an der Universität in Freiburg. Als die Beziehung mit Hannah Arendt wieder aufzuleben schien, setzte ein Eifersuchtsaubruch Elfrides dem ein Ende. Im Jahr 1955 reist Heidegger nach Paris und in die Normandie und lässt sich von der geistigen Elite Frankreichs ehren. 1956 fährt er mit Jean Beaufret in die Provence und lernt den Dichter René Char kennen, in dessen Haus bei Le Tor in der Vaucluse er drei Seminare hält. Insgesamt besucht er drei Mal die Provence. 1957 wird Heidegger in die Berliner Akademie der Künste und in die Heidelberger Akademie der Wissenschaften aufgenommen. Zwischen 1962 und 1966 finden drei längere Reisen nach Griechenland statt. 1967 lernt er bei einem Vortrag in der Athener Akademie den jüdischen Dichter Paul Celan kennen, der ihn bald darauf in seiner Hütte auf Todtnauburg besuchen wird. 1970 erleidet Heidegger einen Schlaganfall. Am 26. Mai 1976 stirbt Heidegger in Freiburg und wird in Meßkirch begraben. Ab 1975 erscheinen nach und nach seine gesammelten Werke.

> *Der Tod vereinzelt das Dasein ...*

MARTIN HEIDEGGER 1889 - 1978

Exkurs: Paul Celan (1920-1970)

Der jüdische Dichter Paul Celan wurde 1920 in Czernowitz in der Bukowina (Rumänien) geboren. 1942 wurde er als Zwangsarbeiter im Straßenbau eingesetzt. Nach dem Krieg musste er registrieren, wie in der Bundesrepublik Deutschland ehemalige Nazis Karriere machten, ohne sich zu ihrer Schuld zu bekennen. In jungen Jahren hatte sich die Dichterin Ingeborg Bachmann in Paul Celan verliebt und war ihm nach Paris gefolgt. Von ihr, die über Heidegger promovierte, hatte Celan vermutlich von Heidegger gehört. Nach dem Treffen mit Heidegger im Jahr 1967 schreibt Celan ins Gästebuch: *Ins Hüttenbuch, mit dem Blick auf den Brunnenstern, mit der Hoffnung auf ein kommendes Wort im Herzen!* Heidegger hat sich nicht für seine nationalsozialistische Vergangenheit entschuldigt. Berühmt ist Celans Gedicht: *Todesfuge ... Schwarze Milch der Frühe ...,* das den Holocaust thematisiert. Im Jahre 1970 nahm sich Paul Celan das Leben: Er stürzte sich in die Seine.

Kritik am *Jargon der Eigentlichkeit*

Adorno als Kritiker

Schon 1964 hatte Theodor W. Adorno in der Schrift: *Jargon der Eigentlichkeit. Zur deutschen Ideologie* eine Breitseite gegen die seiner Meinung nach mit hohlen Phrasen durchsetzte Heidegger-Philosophie verfasst. Heideggers Kategorien des *Seins*, der *Angst*, der *Existenz* seien im Zusammenhang mit der Tendenz des Kapitalismus zu sehen, das Individuum zu entwurzeln und austauschbar zu machen.

Warum nur immer diese Dämonisierung meiner Person?!

Nun ja, nicht ganz einfach, in Ihnen nichts Damönisches zu sehen ...

Wenn alles Gesellschaftliche unsicher geworden sei, brauche man sich nicht zu wundern, wenn sich die Individuen verzweifelt an ihre bloße „Existenz", „Befindlichkeit" und „Stimmung" (alles Begriffe aus Heideggers *Sein und Zeit*) klammerten. *Wenn Heidegger vom Menschen als dem Hüter des Seins spricht, dann stellt er sich gegen das, was es wirklich in unserer Epoche zu bewahren gälte: gegen Vernunft, gegen Autonomie, gegen den Gedanken, dass die Menschen aus Eigenem ihr Schicksal bestimmen könnten. Statt dessen sollen sie dem Sein 'hörig' sein.* (Adorno)

Foucault als Bewunderer

Demgegenüber war für den französischen Philosophen Michel Foucault Heidegger *stets der wesentlichste Philosoph gewesen. Mein ganzes philosophisches Werden war durch die Lektüre Heideggers bestimmt.* Wie Heidegger begreift auch Foucault Wahrheit nicht als Abbild von Strukturen, Vorstellungen, Ideen, sondern als ein Geschehen, in dem sich die Wahrheit ebenso ent- wie verbirgt. Wahrheit zeigt sich erst vor dem Hintergrund einer Dunkelheit, eines Schweigens, einer Rätselhaftigkeit – oder wie es bei Heidegger auch heißt – eines „Holzweges". Unsere Kultur versucht den „dunklen" Hintergrund, zum Beispiel den Wahnsinn, die Macht oder den Tod vom „gesunden" und „freien" Leben auszuschließen. *Mein ganzes philosophisches Werden war durch die Lektüre Heideggers bestimmt. (...) Nietzsche ganz allein sagte mir (...) gar nichts! Dagegen Nietzsche und Heidegger, das war der philosophische Schock!* (Michel Foucault)

Sloterdijk als Fortführer

Als Fortführer einiger Grundgedanken Heideggers kann Peter Sloterdijk gelten. Kaum ein anderer Philosoph hat eindringlicher die ursprüngliche Weltfremdheit des Menschen herausgestellt. In seiner 1988 gehaltenen Frankfurter Poetik-Vorlesung spielt er auf Ideen von Heidegger an, wenn er den indischen Mythos von den Göttervögeln erzählt, welche über dem Himalaja ihre Eier abwerfen. Sie sollen noch in der Luft von der Sonne ausgebrütet werden, doch die meisten von ihnen schlagen unausgebrütet auf der Erde auf, wo sich die Jungen nur mühsam wieder aufrappeln, um von nun an das Dasein auf Erden in Sorge zu fristen. Die Erzählung spielt auf den Gegensatz zwischen der Geborgenheit im Mutterleib und der trennenden Geburtserfahrung an. Die Geburt ist für Sloterdijk sowohl schmerzhafte Verlusterfahrung als auch Symbol für einen Neuanfang. *Alles was ich in den letzten Jahren veröffentlicht habe, enthält einen Ausblick auf eine Lehre vom Menschen als adventischem Tier (...) Mit jedem neuen Buch habe ich versucht, eine neue Sprache zu entwickeln, die der Faszination der Geburten und der Ankünfte in der Welt mehr Raum schafft.* (Sloterdijk)

Friedrich Kittler (1943-2011)

Über den positiven Einfluss von Heidegger auf den Berliner Kulturphilosophen Friedrich Kittler schreibt Jürgen Busche in der Zeitung *Die Welt* vom 15.5.2006: *Kittlers Liebe zu Martin Heidegger ist kaum zu übertreffen. Er schreibt wahrlich keinen Jargon, aber seine sprachlich-gedanklichen Anleihen bei Heidegger lassen Adornos Schrift vom ´Jargon der Eigentlichkeit´ als höfliche Untertreibung erscheinen. Was immer sichtbar wird in der Welt, sich zeigt, erkennbar wird, das ´entbirgt´ sich bei Kittler, die Götter ´wesen an bei ihren Helden´, und was ´Physis´ ist, wird hier, ohne daß es nötig wäre, den Namen des Meisters zu nennen, bezeichnet als ´das Seiende im Ganzen, wie es von ihm selbst her aufgeht´. Auch vom ´Haus des Seins´ ist gedankentreu ohne Anführungsstriche die Rede. Kittler hat in Freiburg studiert, aber offenkundig nicht bei Heidegger,* der in seinen Veranstaltungen befahl: *Hier wird nicht geheideggert.* Trotz des deutlichen Einflusses vermisst Kittler in Heideggers Rezeption der Griechen die Würdigung der Bedeutung des Dionysischen und der körperlichen Liebe, versinnbildlicht in der Göttin *Aphrodite.*

Georg Steiner (geb. 1929)

Der englische Literaturwissenschaftler Georg Steiner gehört zu denjenigen, die in Heidegger einen großen Philosophen sehen, der das Denken der Moderne wesentlich erneuert hat. In seinem 1989 – zum hundertsten Geburtstag Heideggers erschienenen Werk – *Martin Heidegger Zur Einführung* heißt es zusammenfassend im letzten Absatz: *Martin Heidegger ist der größte Meister des Staunens, der Mann dessen Verwunderung von der bloßen Tatsache, dass wir sind, anstatt nicht zu sein, dem Offensichtlichen ein strahlendes Hindernis in den Weg gelegt hat. Sein Denken ist es, das eine auch nur vorübergehende Herablassung gegenüber der Tatsache der Existenz unverzeihlich macht. Auf der Waldlichtung, zu der seine kreisenden Wege führen, auch wenn sie sie nicht erreichen, hat Heidegger die Einheit von Denken und von Dichtung ... gefordert.*

Günther Anders (1902-1992)

Wesentlich kritischer beurteilt der Philosoph Günter Anders in *Über Heidegger* dessen *Freiheitsphilosophie*. Darin lesen wir unter der Überschrift *Schein-Konkretheit von Heideggers Philosophie: Laut Heidegger besteht ... Existenz darin, den Tod zu usurpieren, aus ihm ein 'momentum' des Lebens zu machen, ein 'Sein zum Tode' zu werden – eine Selbstverwandlung, durch die in gewisser Hinsicht der Tod trotz seiner allgegenwärtigen Drohung ziemlich verharmlost wird ... Jene Mächte aber, die im Laufe des wirklichen Lebens das 'Dasein' seiner Freiheit berauben: die realen Machtverhältnisse, sind in Heideggers Philosophie nicht der Rede wert. Nicht ein einziges Mal wird auf sie angespielt. Und als sie wirklich den Schauplatz betraten versuchte Heidegger nicht, sie wie die 'Geworfenheit' oder den 'Tod' zu bekämpfen, sondern machte Kotau vor ihnen. Welch eine Freiheitsphilosophie?*

Thomas Bernhard (1931-1989)

Mit den Mitteln seiner *Übertreibungskunst* hat der österreichische Schriftsteller Thomas Bernhard in der Komödie *Alte Meister* Heidegger scharf aufs Korn genommen. *Zu Heidegger pilgerten vor allem jene, die die Philosophie mit der Kochkunst verwechseln, die die Philosophie für ein Gebratenes und Gebackenes und Gekochtes halten, was ganz und gar dem deutschen Geschmack entspricht. Heidegger hielt in Todtnauberg Hof und ließ sich auf seinem philosophischen Schwarzwaldpodest jederzeit wie eine heilige Kuh bestaunen. Selbst ein berühmter und gefürchteter norddeutscher Zeitschriftenherausgeber kniete andachtsvoll vor ihm mit offenem Mund, als erwartete er in der untergehenden Sonne von dem auf seiner Hausbank sitzenden Heidegger sozusagen die Geisteshostie. Alle diese Leute pilgerten nach Todtnauberg zu Heidegger und machten sich lächerlich, sagte Reger. Sie pilgerten sozusagen in den philosophischen Schwarzwald und auf den heiligen Heideggerberg und knieten sich vor ihr Idol. Daß ihr Idol eine totale Geistesniete war, konnten sie in ihrem Stumpfsinn nicht wissen ...*

Fruchtbare Auseinandersetzung

Rezeption in Japan

Heidegger fand eine breite Rezeption in Japan. Schon in den 20er Jahren besuchten bedeutende japanische Philosophen seine Seminare. In *Was heißt Denken?* spricht Heidegger von dem *unausweichlichen Gespräch mit der ostasiatischen Welt.* Er hoffte, dass es dereinst einmal möglich ist, *das gewandelte europäische Denken in eine fruchtbare Auseinandersetzung mit dem ostasiatischen Denken zu bringen.*

EURO PHILOSOPHIE

Wir müssen von unserem abendländischen Denken her die Fragen entwickeln. Es muß erst einmal unsere bisherige Philosophie fragwürdig werden. Für den Prozess der Begegnung zwischen Okzident und Orient setze ich 300 Jahre an.

Im März 1954 stattet der japanische Germanist Tomio Tezuka (Professor an der Tokyo-Universität) Heidegger in seinem Haus in Freiburg einen Besuch ab. Tezuka übersetzt das japanische *ku* (üblicherweise *Leere, Nichtigkeit*) mit *das Offene.* Heidegger ist beeindruckt und schreibt den Text *Unterwegs zur Sprache (Aus einem Gespräch von der Sprache – zwischen einem Fragenden und einem Japaner). Sein und Zeit* wurde bislang sechs Mal ins Japanische übersetzt. (Kants Kritik der reinen Vernunft wurde vier Mal übertragen). Heidegger-Formulierungen wie *Geläut der Stille* erweisen sich anschlussfähig für das ostasiatische Denken. So gibt es im Japanischen den Vers: *Singt ein Vogel, wird der Berg noch stiller.*

Aletheia (Unverborgenheit)
Heideggers Begriff für die Wahrheit. Die Wahrheit des Seins ist etwas Prozesshaftes, das zur *Wesung* (Neologismus von Heidegger) kommt. Wahrheit ist kein „eitles" Zeigen. *Die aletheia ist, wie ihr Name sagt, nicht eitel Offenheit, sondern Unverborgenheit des Sichverbergens.* (Heidegger)

Angst
Wichtigste Grundstimmung, mit ihr erschließt sich erst die Grunderfahrung des Nichts und damit des Seins. *Die Angst offenbart das Nichts.* Steht damit am Anfang aller Kultur.

Dasein
Die Analyse des menschlichen Daseins dient Heidegger dazu, die Frage nach dem Sinn von Sein zu klären. Das Dasein ist wesentlich geprägt von Sorge und Angst vor dem Tod.

Ding
Die Dinge spenden Welt, sind dem Sein nahe. Über den Krug schreibt Heidegger: *Ausgießen aus dem Krug ist schenken ... Das Geschenk des Gusses kann der Trunk sein. ... Das Geschenk des Gusses ist Trunk für die Sterblichen. ... er erheitert ihre Geselligkeit. Aber das Geschenk des Kruges wird bisweilen auch zur Weihe geschenkt ... Dann ist der Guss ... der den unsterblichen Göttern gespendete Trank.* Etymologisch verweist das Wort *Ding* auf das germanische *Thing* als einer Versammlung hin. Mit *Das Ding dingt* weist Heidegger auf die Kraft der Dinge hin, eine Welt zu versammeln bzw. zu stiften. Wohnen ist für Heidegger immer auch *Aufenthalt bei den Dingen*. Es wird oft vergessen, dass es gerade die Dinge sind, die dem Menschen Halt bzw. Aufenthalt gewähren.

Eigentlichkeit
Eigentlichkeit bedeutet geschichtliche Seinsmöglichkeiten entschlossen in einem Entwurf zu ergreifen. Sie ist das Gegenteil zu einem Leben im *Man*.

Entschlossenheit
Die Begrenztheit des Lebens rückt die Frage nach der Lebensführung ins Zentrum. Die Zeitlichkeit des Daseins ermöglicht nach Heidegger erst Geschichte, denn auch sie verlöre unter den Bedingungen der Ewigkeit ihren Sinn. Gegenüber dem Nichts gilt es dem Dasein mit *Entschlossenheit* Sinn und Schicksal zu verleihen.

Entwurf
Der kontingenten Geworfenheit der Existenz wird im (Lebens-) Entwurf eine Wurfrichtung gegeben. Im Begriff *Entwurf* steckt ebenso wie im Begriff *Geworfenheit* das Verb *werfen*. *Sein und Zeit* bedeutet das Dasein von der Richtung her zu denken, in die es sich bewegt. Bewegt es sich weiter in den Bahnen der Metaphysik und der Technik (*Gestell*, Verfallenheit, Uneigentlichkeit) oder kommt es zu einer „Kehre"?

Glossar

Existenzphilosophie

Von Sören Kierkegaard beeinflusste Richtung in der Philosophie, die die Existenz des Menschen, nicht seine Vernunft, in den Mittelpunkt rückt. Karl Jaspers zufolge lernen wir uns erst in sogenannten „Grenzsituationen" (Krankheit, Schuld, Leiden, Tod) richtig kennen. Sie entscheiden darüber, wer wir sind. Für Heidegger ist das Dasein des Menschen bzw. das *Sein zum Tode* der Schlüssel für die Sinnfrage. Heidegger beeinflusste den französischen Existenzialismus – Jean-Paul Sartre und Albert Camus –, der jedoch im Vergleich zu Heidegger individualistischer ausgerichtet ist.

Gelassenheit

Entspringt dem besinnlichen Denken. *Das besinnliche Denken verlangt von uns, dass wir nicht einseitig an einer Vorstellung hängen bleiben, dass wir nicht in einer Vorstellungsrichtung weiterrennen.* (Heidegger)

Gestell

Seinsweise der modernen Technik, die Natur wird *gestellt*, herausgefordert. *Gestell* dient Heidegger als Bezeichnung für das Seinsgeschick der Moderne, er will damit aufzeigen, wie *eine fremde Macht ihre Bestellbarkeiten und Einrichtungen* (Heidegger) über die alte Welt legt.

Haus des Seins

Für Heidegger ist die Sprache das Haus des Seins. Die Sprache ist nicht nur ein Mittel der Kommunikation, sondern ein Erfahrungsraum, in dem sich Mensch und Welt begegnen. In der Schrift *Unterwegs zur Sprache* stellt Heidegger heraus, dass Wörter Geheimnisse in sich bergen.

Hüter (Hirte) des Seins

Zu Heideggers Menschenbestimmung schreibt Silvio Vietta: *Der Mensch wird (...) gedacht als 'der Hirt des Seins', die Sprache als 'Haus des Seins'. Das Denken versteht sich in dieser Neubestimmung nicht mehr als 'Vor-stellen', nicht als 'Entwerfen', nicht als Begriffsherrschaft, nicht als Reflexion, sondern wesentlich als ein 'hörender' Vollzug (...) Die Selbstbestimmung des Menschen als aktiv-tätiges Subjekt wird abgelöst durch ein zurückgenommenes, verstehendes Vollziehen dessen, was als 'Zuspruch des Seins' erfahren wird.*

In-der-Welt-sein

Das *In-der-Welt-sein des Daseins (...)* ist Heideggers philosophischer Ausgangspunkt, mit dem er die Gegensatzpaare Subjekt/Objekt, Leib/Seele, Verstand/Gefühl verwirft. Die Dualismen des westlichen Denkens sind nachrangige Phänomene im Vergleich zur Unmittelbarkeit und Endlichkeit des *In-der-Welt-seins*.

Kehre

Heideggers Wende nach *Sein und Zeit*, führt zur Wiederentdeckung Hölderlins und der griechischen Vorsokratiker. Waldenfels schreibt über die „Kehre": *Hier bahnt sich ein Denken an, das ausgeht vom Sein als 'Lichtung', die einen Raum des Erscheinens und Zeigens gewährt, vom Sein als 'Ereignis', das Spielräume des Denkens erschließt und andere verschließt.*

Lichtung

Wahrheitsgeschehen, in welchem dem Sein immer wieder neue wesentliche Aspekte abgewonnen werden.

Man

Der ins Leben geworfene (und damit überforderte einzelne) Mensch sucht in der Durchschnittlichkeit Halt. *An der Verfallsgeneigtheit liegt es, dass das faktische Leben, das eigentlich je solches des Einzelnen ist, meist nicht als dieses gelebt wird. Es bewegt sich vielmehr in einer bestimmten Durchschnittlichkeit des Sorgens, des Umgangs, der Umsicht, des An- und Besprechens und überhaupt des Wahrnehmens. Diese Durchschnittlichkeit ist die der jeweiligen Öffentlichkeit der Umgebung, der herrschenden Strömung, des 'So wie die vielen Andern auch'. Das 'man' ist es, das faktisch das einzelne Leben lebt – man besorgt, man sieht, urteilt, man genießt, man betreibt und fragt.* (Heidegger)

Nichts/Tod

Das *Nichts nichtet.* Das Nichts und der Tod sind Ausgangspunkt der Seinserfahrung. Den Menschen bestimmt Heidegger als *Sein zum Tode.*

Phänomenologie

Von Husserl begründete Methode zu den Sachen selbst zurückzufinden, indem in einer sogenannten reinen Wesensschau alles Zufällige, Historische und Individuelle der Wahrnehmung ausgeklammert wird. Heidegger glaubt nicht an die reine Wesensschau, teilt aber Husserls Ansatz, die Erkenntnis nicht im Subjekt-Objekt-Schema zu fassen. Vielmehr ist das Subjekt immer schon mit der Welt und den Dingen involviert.

Sein

Nicht zu definierender Begriff. Steht als Frage: *Was ist das Sein?* hinter der gesamten Philosophie von Heidegger. *Sein und Zeit* fragt nach dem Sinn von Sein. Laut Heidegger beschäftigt sich ein großer Philosoph sein ganzes Leben lang mit nur einer wesentlichen Frage.

Sorge

Sorge ist die Grundstruktur des In-der-Welt-seins. Leben ist *sorgen. Sorgen ist Sein-in-einer-Welt und darf nicht als ein Akt im Bewusstsein gedeutet werden.* In der von Heidegger in *Sein und Zeit* angeführten Cura-Fabel heißt es über den Menschen: *Weil aber die „Sorge" dieses Wesen zuerst gebildet, so möge, solange es lebt, die „Sorge" es besitzen.*

„Philosophia perennis"

In Marburg waren sich Heidegger und Nicolai Hartmann nicht wohlgesonnen und gingen sich gegenseitig aus dem Weg. Unter den Studenten kursierte das Wort von der „Philosophia perennis" (lat: immerwährende Philosophie). Der Grund war, dass Hartmann während der Nacht arbeitete und sich erst früh morgens gegen fünf Uhr ins Bett begab, genau zu der Zeit, als Heidegger aufstand, um mit seiner denkerischen Arbeit zu beginnen.

Nicolai Hartmann (1882-1950)

Entschlossenheit

Ein Bonmot der Freiburger Studenten über Heideggers Forderung in *Sein und Zeit* sich auf das „Nottuende" zu konzentrieren lautete: *Ich bin entschlossen, nur weiß ich nicht wozu.*

Geheideggert

Einmal platzte es, als seine Studenten in einem seiner Seminare in den „Jargon der Eigentlichkeit" verfielen aus Heidegger heraus: *Bitte merken Sie sich, dass ich es nicht schätze, wenn in meinem Seminar geheideggert wird.*

Fehlersuche
Seinen Studenten erzählte Heidegger, dass Carnap in seiner Schrift *Vom Wesen des Grundes* 246 Fehler jeder Art gefunden hat. Dazu Heidegger trocken: „Wie viele will er dann erst in *Sein und Zeit* finden?"

Erzählen SIE mir nichts von Hebel ...

Ernst Bloch (1885–1977)

Ernst Bloch
Bloch und Heidegger waren politisch Antipoden. Bei einem persönlichen Treffen wollten sie jedoch einem Streit aus dem Weg gehen, indem sie sich angeregt über den von beiden geschätzten Dichter Johann Peter Hebel (Kalendergeschichten) unterhielten und versuchten, sich gegenseitig im auswendigen Deklamieren seiner Gedichtszeilen zu überbieten.

Elektriker
Heidegger klingelt im Hause Scheler, weil er dort einen philosophischen Vortrag zu halten hat. Frau Maria Scheler erwartet gerade einen Elektriker und glaubt ihn in Heidegger vor sich zu haben. „Gut dass Sie endlich da sind, fangen Sie mal gleich an!" Nachdem sich der Irrtum geklärt hat, beginnt Heidegger mit seinem Referat. Als er seinen Begriff der Wahrheit (aletheia) als *Unverborgenheit* und *Lichtung* erläutert, entfährt es Frau Scheler: *Also doch Elektriker!*

Einführungen zu Heidegger

Biemel, Walter, *Martin Heidegger*, Reinbek bei Hamburg 1973

Fischer, Anton M., *Martin Heidegger. Der gottlose Priester*, Zürich 2008

Geier, Manfred, *Martin Heidegger*, Reinbek bei Hamburg 2005

Jahraus, Oliver, *Martin Heidegger Eine Einführung*, Stuttgart 2004

Rentsch, Thomas, *Martin Heidegger. Das Sein und der Tod*, München 1989

Rentsch, Thomas, (Hg.) *Martin Heidegger. Sein und Zeit*, Berlin 2007

Reijen, van Willem, *Martin Heidegger*, Paderborn 2009

Safranski, Rüdiger, *Ein Meister aus Deutschland Heidegger und seine Zeit*, München 1994

Steiner, George, *Martin Heidegger zur Einführung*, München, Wien 1989

Tiez, Udo, *Heidegger*, Leipzig 2005

Trawny, Peter, *Martin Heidegger*, Frankfurt am Main 2003

Philosophie für Einsteiger

Von Ansgar Lorenz
und Reiner Ruffing

Alle Bände ca. 96 Seiten, durchgängig bebildert, Kart. DIN A4.

Komplexe Einführungen zu Nietzsche, Adorno, Foucault und Marx gibt es wie Sand am Meer. Die Reihe „Philosophie für Einsteiger" geht einen anderen Weg. Zeichnung und Text sind gleichberechtigt, was diese kurzen und äußerst unterhaltsamen Porträts besonders klar und leicht verständlich macht. Mit reichlich anekdotischem und biographischem Material ausgestattet, wird der Leser mit Leben und Denken der Philosophen vertraut gemacht.

Wilhelm Fink

Wilhelm Fink GmbH & Co. Verlags-KG | Jühenplatz 1–3 | 33098 Paderborn
Telefon: 0 52 51/127-5 | Fax: 0 52 51/127-860 | E-Mail: kontakt@fink.de | Internet: www.fink.de